Renato Corti
Vescovo di Novara

UN GIOVANE DIVENTA CRISTIANO

L'esperienza di sant'Agostino

Lettera pastorale per l'anno 2003-2004

Paoline

PAOLINE Editoriale Libri

Via Francesco Albani, 21 - 20149 Milano
http://www.paoline.it
e-mail: edlibri.mi@paoline.it
Distribuzione: Diffusione San Paolo s.r.l.
Corso Regina Margherita, 2 - 10153 Torino

Presentazione

Questa Lettera pastorale intende rispondere soprattutto a una domanda: chi ha aiutato Agostino a diventare cristiano? L'interrogativo è suggerito dagli orientamenti pastorali *Comunicare il Vangelo in un mondo che cambia*. I vescovi italiani propongono di dedicare questo decennio a una revisione attenta di tutto il tessuto pastorale per dare forza e luminosità alla comunicazione della fede. Invitano a considerare questa responsabilità anche a proposito dell'annuncio del Vangelo alle nuove generazioni.

Il giovane Agostino, che giunge al battesimo dopo un travaglio durato oltre dieci anni, dà particolare evidenza ad alcuni adulti cristiani incontrati negli anni trascorsi a Milano: a loro deve moltissimo. La sua vicenda conduce pure a considerare due aspetti fondamentali per la vita dei giovani: la ricerca della verità e l'esperienza degli affetti. Egli ha scoperto la verità profonda sul senso della vita umana in Cristo, maestro e salvatore, e ha maturato l'esperienza affettiva compiendo un cammino verso quella libertà con cui Cristo ci ha liberati. Per questo il racconto de *Le Confessioni* interpella giovani e adulti e aiuta l'intera comunità cristiana a essere luogo di conversione e di testimonianza.

Introduzione

«Beato l'uomo che cammina nelle vie del Signore»

Miei cari,

in questo decennio tutte le diocesi italiane sono chiamate a compiere «una paziente e coraggiosa revisione di tutto il tessuto pastorale delle nostre comunità dal punto di vista missionario. Ciò significa una vera "conversione pastorale"»[1]. Non è detto che si riesca a ripensare punto per punto tutti i capitoli del nostro impegno educativo e pastorale. Qualche passo, però, andrà fatto. Solo così, infatti, corrisponderemo all'impulso che Giovanni Paolo II ci ha dato con la sua magnifica Lettera apostolica *Novo millennio ineunte* e far nostro l'invito a «riaccendere in noi lo slancio delle origini, lasciandoci pervadere dall'ardore della predicazione apostolica seguita alla Pentecoste. Dobbiamo rivivere in noi il sentimento infuocato di Paolo, il quale esclamava: "Guai a me se non predicassi il Vangelo" (1Cor 9,16)»[2].

La nostra riflessione comunitaria ci ha condotto a dare particolare evidenza, lungo questo de-

[1] CEI, *Comunicare il Vangelo in un mondo che cambia*, Appendice, 4.

[2] Giovanni Paolo II, Lett. Ap. *Novo millennio ineunte*, n. 40.

cennio, a quattro capitoli[3]. Il primo si riferisce alla comunità fedele che si raccoglie in parrocchia nel *giorno del Signore*. Essa è chiamata a interpretarsi come un fondamentale anello per la comunicazione del Vangelo. Il secondo capitolo riguarda la comunicazione del Vangelo alle nuove generazioni. Un terzo capitolo consiste nel tenere conto del contesto socio-culturale nel quale ci troviamo e che richiede sempre più ai cristiani una robusta formazione, così che siano aiutati a vivere *una fede adulta e pensata*. Un ultimo capitolo riguarda la vasta area di battezzati che vivono una labile appartenenza ecclesiale e, forse, anche una debole esperienza di fede. La responsabilità di comunicare il Vangelo ci sospinge a interessarci, anche in forme nuove, di tutti questi nostri fratelli in Cristo[4].

Questa Lettera pastorale privilegia il secondo dei sentieri ora indicati. Si tratta di una grande sfida. Ma come potrebbe la Chiesa non affrontarla senza, in tal modo, tradire la missione ricevuta e i giovani stessi? Ma non è solo una sfida; è una scoperta da fare. I giovani, come si dice spesso, sono un problema. È vero. Ma chi non lo è? Non bisogna forse ammettere che gli adulti lo sono talvolta più dei giovani? Peraltro il Papa, con il suo consueto coraggio, ci ricorda che nei giovani si na-

[3] Cfr. l'Assemblea pastorale diocesana di Pallanza del 25-26 aprile 2002.

[4] Cfr. CEI, *Comunicare il Vangelo in un mondo che cambia*, nn. 47; 50-51; 56-62.

sconde un importante talento, una grazia per la Chiesa e per la società[5].

Come vescovo vorrei sostenere questo cammino con tutte le forze e in piena convinzione. L'ho illustrato più volte e non vorrei ripetermi. Sento peraltro doveroso ringraziare vivamente le tante persone che hanno preso sul serio l'iniziativa e vi hanno profuso tempo, fatica, preghiera e amore. Non hanno sbagliato perché, in definitiva, siamo chiamati a rispondere a una domanda cruciale: *Chi ama i giovani?* Mi piacerebbe, e supplico Dio perché questo avvenga, che in un secondo anno dedicato ancora agli adolescenti e ai giovani, si allarghi e si approfondisca ulteriormente il lavoro avviato.

Il lavoro svolto e quello che ci attende

Sono stati tre i livelli proposti alla riflessione comune.

Alle singole parrocchie ho suggerito di rivisitare il *Progetto Emmaus* attraverso incontri mensili ai quali invitare giovani e adulti[6]. Seguendo l'indicazione del nostro XX Sinodo, si chiedeva di domandarsi di fronte a Dio quanto l'attuale pro-

[5] Cfr. Giovanni Paolo II, Lett. Ap. *Novo millennio ineunte*, n. 40; cfr. anche n. 9.

[6] Cfr. Diocesi di Novara, *Chi ama i giovani? La comunità parrocchiale prega e riflette con i giovani*, Novara 2002; cfr. anche R. Corti, *Comunicare il Vangelo alle nuove generazioni. Suggerimenti per l'anno pastorale 2002-2003*, Novara 2002.

posta educativa cristiana lasci emergere l'esperienza dei discepoli di Emmaus (cfr. Lc 24,13-35). Mi sembra che in molte parrocchie non siano mancati incontri di preghiera. Meno, forse, si è riusciti a dare spazio all'interrogazione profonda sui passi di conversione che tale esperienza suggerisce.

A un secondo livello, in maniera piuttosto nascosta, ma non per questo trascurabile, ben nove *gruppi di lavoro* hanno vissuto mesi di ascolto dei giovani e del loro vissuto reale[7]. Si sono poi domandati che cosa di tutto questo pensi il Signore Gesù Cristo. E infine, stanno cercando di capire quale servizio la Chiesa è chiamata a svolgere, dall'amore del Signore, in favore di un'esperienza di pienezza da parte dei giovani. Ci sono ancora dei passi da fare per arrivare ad alcune conclusioni che possano essere espresse in termini di scelte pastorali. Li compiremo.

Un terzo livello di lavoro è stato vissuto da un'assemblea molto numerosa di laici. Lungo lo scorso anno pastorale essi hanno partecipato a quattro ampi *incontri domenicali*. Anche le parrocchie più lontane erano presenti. Sono state occasioni preziose di approfondimento e di confronto. Due di questi incontri hanno messo in primo piano la responsabilità degli adulti; altri

[7] Gli ambiti approfonditi dai gruppi di lavoro sono i seguenti: giovani e comunità cristiana; giovani, vocazione e scelte di vita; giovani e famiglia; giovani e scuola; giovani e lavoro; giovani e tempo libero; giovani, cittadinanza e impegno socio-politico; giovani, missione, solidarietà e mondialità; giovani e disagio.

due sono entrati nel merito dell'esperienza progressiva di un giovane credente e della maniera cristiana di intendere e di sperimentare gli affetti, la corporeità, la sessualità, la relazione uomo-donna. I contenuti di tali incontri sono stati posti all'ordine del giorno degli incontri pastorali dei sacerdoti nei Vicariati. Non vanno lasciati cadere.

Agostino: chi lo ha aiutato a diventare cristiano?

Mi sono chiesto, in queste settimane, quale forma dare a questo mio intervento. Mi sono trovato a pensare che sarebbe stato molto stimolante mettere in primo piano la testimonianza concreta di un giovane che diventa cristiano. Sono molti, nella storia della Chiesa, i giovani che hanno deciso per Cristo. Non c'è generazione che non ne offra qualcuno. Ciò per tutti i secoli che abbiamo alle spalle e anche per questo nostro tempo. Mi sono sentito di privilegiare la testimonianza di un giovane del IV secolo. Il suo nome non è oscuro perché la sua vicenda e i suoi scritti hanno avuto un peso enorme per tutta la storia della Chiesa, e lo hanno tuttora. Mi riferisco a sant'Agostino (354-430 d.C.). Lungo la sua esistenza, la conversione al cristianesimo è stato l'avvenimento più travagliato e, alla fine, più decisivo[8].

[8] Cfr. Giovanni Paolo II, Lett. Ap. *Augustinum Hipponensem*, 28 agosto 1986, nel XVI centenario della conversione di sant'Agostino.

Quando leggo *Le Confessioni* di Agostino, da lui scritte circa dieci anni dopo la conversione, vedo il suo racconto popolato da riferimenti concreti e soprattutto da persone che hanno avuto un'importanza non sottovalutabile per la sua esperienza intellettuale, morale, spirituale. Vorrei soffermarmi su alcune di queste persone: un vescovo di nome Ambrogio, una madre di nome Monica, un prete di nome Simpliciano, un laico cristiano di nome Ponticiano. Vorrei pure soffermarmi su una comunità, perché anch'essa ha espresso una significativa presenza nella sua vicenda: mi riferisco alla Chiesa di Milano che Ambrogio guidava negli ultimi decenni del secolo IV.

Dopo la conversione, la vita di Agostino è proseguita per molti anni. È stato monaco, prete e vescovo. Mentre aveva vissuto parte della sua giovinezza a Milano, dopo la conversione è ritornato in Africa, a Tagaste (suo paese di origine, città berbera della Numidia, ora Algeria) e a Ippona, dove svolse il suo ministero. Di questo non farò nessun approfondimento. A quei tempi la costa nordafricana faceva parte dell'impero romano. La lingua nella quale egli ha scritto anche *Le Confessioni* è quella di Roma, cioè il latino. L'essere cittadino dell'impero romano spiega come mai egli dall'Africa sia venuto a Roma e poi anche a Milano che, a quei tempi, era una delle quattro capitali dell'Impero. Ambrogio, prima di diventare vescovo, era la più alta autorità civile come governatore di un territorio vastissimo che comprendeva gran parte delle attuali regioni dell'Italia settentrionale. Mentre in questa nostra epoca sono presenti sul nostro territorio molti nordafricani, è bello pensare che Agostino venga da quelle terre e che proprio là abbia annunciato il Vangelo per circa quarant'anni. Non ha mai avuto vita facile, sia per le difficoltà interne alla Chiesa e i pericoli dell'eresia, sia per i problemi che hanno investito la società. Quando egli morì anche in quell'area dell'impero romano giungevano i Vandali, che stavano assediando Ippona. Iniziava una nuova epoca.

Lasciarci trascinare da lui

Intendo trattare la vicenda singolare della conversione di Agostino soltanto per cenni. Esistono, sull'argomento, moltissimi studi di grande pregio. Chissà che questa Lettera pastorale non conduca qualcuno a dire: «Voglio conoscere meglio sant'Agostino!». Sarebbe un bel risultato.

La sua esperienza può infatti aiutare i giovani a rileggere se stessi in profondità. Può aiutare le nostre comunità, e in particolare gli adulti, a capire come essere luogo eloquente del Vangelo e della sua reale comunicazione ai giovani perché diventino discepoli di Cristo. Ho fiducia che Agostino offra a tutti noi «un colpo d'ala», di cui abbiamo sempre estremo bisogno, contro il rischio della banalità e dell'impoverimento della nostra umanità.

Pensando a me stesso, mi dovrò in qualche modo lasciare trascinare da lui: dalla sua passione, dal suo tormento, dai suoi ripensamenti, dalle sue lacrime, dalla sua commozione, dal suo coraggio, dalle sue scelte. Mentre scruterò la sua esperienza, vorrò tenere sempre dinanzi agli occhi i giovani della nostra diocesi. Egli, con la sua storia mirabilmente raccontata ne *Le Confessioni*, ha qualcosa di importante da dire a tutti. Penso, per esempio, ai sacerdoti e soprattutto al fatto che, nella vita della Chiesa di oggi, essi possono incontrare qualche nuovo Agostino nei confronti del quale essere simili a quel prete, di nome Simpliciano, che tanto ha dato a lui. Vorrò avere dinanzi agli occhi mamme e papà, in riferimento alla complicata vicenda familiare di Agostino: anche in questo senso la sua storia può essere detta una storia moderna. Dovrò inoltre pensare a me stesso, in quanto responsabile di una Chiesa particolare: qui infatti ci sono certamente persone che, oggi, aspettano di poter vedere una Chiesa simile, almeno in qualche misura, a quella che ha intimamente ispirato Agostino a chiedere il battesimo e a diventare cristiano.

Sono contento che questa Lettera pastorale ci conduca alla scuola di un santo perché, in questo modo, si stabilisce un collegamento con la Lettera pastorale immediatamente precedente e che era intitolata: *Primo, la santità* (2001). Chi, più dei santi, può meglio istruirci sulla santità e persuaderci a coltivarla?

Inizio a scrivere queste pagine nella festa di san Benedetto (11 luglio). Mi colpisce l'orazione proposta dalla liturgia eucaristica:

O Dio,
concedici di non anteporre nulla
all'amore del Cristo
e di correre con cuore libero
nella via dei tuoi precetti.

Capitolo primo
Ambrogio

«Mi accolse in modo paterno»

Il primo volto che vorrei ricordare è quello di un vescovo. Si chiamava Ambrogio. Era nato a Treviri, un'altra delle capitali dell'impero romano, attorno al 334. Era poi cresciuto a Roma e aveva fatto carriera come magistrato. Verso il 370 divenne governatore della Liguria-Emilia con sede a Milano. Alla morte del vescovo Aussenzio, che era ariano, Ambrogio acclamato dal popolo, ne divenne il successore. Non era ancora battezzato e ricevette questo sacramento il 30 novembre 374. Pochi giorni dopo, il 7 dicembre, venne consacrato vescovo. Morì il sabato santo del 397.

1. Quale relazione tra Ambrogio e Agostino?

Tra Agostino e Ambrogio, pur così diversi per storia personale, studi compiuti, responsabilità portate (e anche per età), si stabilì una relazione significativa.

Ciò che maggiormente colpiva Agostino nella figura di quel vescovo era la ricchezza di nutrimento che offriva al popolo cristiano. Agostino vi coglieva forza e bellezza, gioia e consolazione, addirittura una *sobria ebbrezza*: quella donata dallo Spirito Santo e dalla partecipazione al sangue di Cristo nell'Eucaristia. Scrive infatti: «Andai a

Milano, dal vescovo Ambrogio, personaggio stimato tra i migliori del tempo e tuo servo devoto, la cui eloquenza dispensava con forza al tuo popolo il fiore del tuo frumento, la gioia dell'olio e la sobria ebbrezza del tuo vino»[9].

Forse possiamo rimanere sorpresi dal linguaggio qui usato da Agostino. Sono termini che paiono lontani. Ma va ricordato che sono tutti termini biblici ricorrenti nei Salmi e nei Profeti. Tutto il libro de *Le Confessioni* è un intarsio di testi ricavati dalle Sacre Scritture, non sempre esplicitamente citati. Va pure tenuto presente che Agostino scrive il racconto qualche anno dopo essere diventato cristiano. Ha perciò oramai la capacità di recuperare e di assumere come linguaggio proprio quello biblico per indicare le ricchezze di luce, di profondità e di gioia che, in quegli anni, Ambrogio comunicava al popolo spiegando le Sacre Scritture.

La delicatezza del vescovo e l'affetto del giovane

La loro relazione è stata incoraggiata dall'accoglienza cordiale riservata da Ambrogio a que-

[9] *Conf.*, V, 13.23. Utilizzo, con qualche variazione, la traduzione di G. Vigini in Sant'Agostino, *Le Confessioni*, a cura di G. Vigini, Milano 2001 (Spiritualità Maestri, 51). I passi de *Le Confessioni* sono citati senza riferimento alle pagine di tale edizione, ma secondo la partizione dell'opera e in forma abbreviata (*Conf.*) cui segue l'indicazione dei libri e dei paragrafi.

Tutto il testo de *Le Confessioni*, scritto dieci anni dopo la conversione e il battesimo, ha la forma della preghiera. Molte delle citazioni che verranno fatte vanno intese proprio così.

sto giovane: «Quell'uomo di Dio mi accolse in modo paterno e, con una benevolenza degna di un vescovo, si rallegrò della mia venuta. Cominciai ad amarlo, ma non subito come maestro di quella verità che non speravo proprio di trovare nella tua Chiesa, ma come uomo che aveva avuto delle delicatezze per me»[10].

Da parte di Agostino la relazione diventa soprattutto coltivazione dell'ascolto: «Stavo tutto assorto ad ascoltarlo quando istruiva il popolo, non però con l'intenzione che avrei dovuto avere, ma quasi per verificare se la sua eloquenza era pari alla fama, oppure se era superiore o inferiore a quanto si andava dicendo. Rimanevo incantato dalle sue parole; ascoltavo invece i contenuti con indifferenza e senza interesse; mi piaceva molto il suo modo di parlare così dolce. [...] Se non che la salvezza è lontana dai peccatori, e io ero uno di questi, allora. Ma lentamente, senza saperlo, mi stavo avvicinando a essa»[11].

Dalla forma ai contenuti

E infatti, all'interno di questa relazione e di questo ascolto, si avvia un lento cammino verso la fede: «Per quanto non badassi ad apprendere le cose che diceva, ma solo ad ascoltare come le diceva (era questo l'unico vano interesse che mi era rimasto dopo che avevo perso la speranza di

[10] *Conf.*, V, 13.23.
[11] *Conf.*, V, 13.23.

vedere aprirsi per l'uomo una via verso di te), mi scendevano nell'anima, assieme alle parole che amavo, anche i contenuti a cui non davo alcuna importanza. Non riuscivo più, infatti, a separare le une dagli altri. Così, nel cuore che si apriva ad accogliere l'eloquenza della sua parola, cominciava a insinuarsi, sia pure lentamente, anche la verità della sua parola »[12].

La guida vera di Agostino

Protagonista di questo pellegrinaggio interiore rimaneva Dio stesso: « Senza che lo sapessi, eri tu a guidarmi da lui, perché attraverso di lui, sapendolo, fossi guidato da te »[13].

Solo lentamente il cammino spirituale di Agostino si svilupperà. Il primo passo diventa quello di dubitare delle sue certezze di prima e poi di aprirsi, piano piano, alla fede cristiana: « Se la fede cattolica non mi appariva più vinta, mi sembrava però che non fosse ancora vincitrice »[14]. Da qui la sua risoluzione: « Decisi di restare catecumeno nella Chiesa cattolica, alla quale mi avevano educato i miei genitori, fino al momento in cui una luce non mi avesse indicato qualcosa di certo verso cui orientare i miei passi »[15].

Appaiono da queste parole due tratti dell'esperienza agostiniana. Il primo è che il cammino

[12] *Conf.*, V, 14.24.
[13] *Conf.*, V, 13.23.
[14] *Conf.*, V, 14,24.
[15] *Conf.*, V, 14.25.

di conversione può essere, per i giovani di oggi come già per lui, bisognoso di molto tempo per una sufficiente chiarificazione interiore. Il secondo è la rilevanza di una sincera disponibilità a perseverare nella ricerca della verità, a costo di lasciarsi mettere profondamente in questione.

2. Mi sento chiamato in causa

La relazione tra Ambrogio e Agostino mi chiama in causa direttamente. Mi spinge a considerare se, nel mio modo di esercitare il ministero, io riesca a riconoscere alcuni tratti del suo stile di lavoro.

Il ministero della parola

Un primo punto riguarda la sostanza (o i contenuti) della predicazione di Ambrogio. Egli – si potrebbe dire – non faceva altro che spiegare le Sacre Scritture dell'Antico e del Nuovo Testamento. Non diceva parole sue, meditava la Parola di Dio e a quella dava voce.

C'è un documento importante del Concilio Vaticano II a cui ripenso in questo momento: la costituzione *Dei Verbum*. Nel 2002 vi abbiamo dedicato la «Tre Giorni» di formazione permanente teologica dei sacerdoti. Mi domando se gli inviti illustrati in quel testo siano diventati effettivamente normativi per tutti noi cristiani, e anzitutto per me, vescovo, e per i sacerdoti. O se non succeda di essere rimasti ancora al di qua perché, in realtà, la Parola di Dio non è il nostro nutrimento quotidiano, né il pane che offriamo costantemente al popolo cristiano, giovani compresi.

Appena arrivato in questa nostra cara diocesi mi sono sentito fortemente sospinto a mettermi sulla strada di Ambrogio, anche perché venivo dall'aver vissuto per undici anni con un suo successore, il card. Martini. Per ben ventidue anni, egli si è fatto assiduo predicatore della Parola di Dio a Milano. Per parte mia, vorrei sostenere in particolare l'esperienza dell'incontro, da parte dei giovani, con « Dio che parla » perché giungano a dare risposta a Lui. Ma vorrei tanto che questa mia persuasione fosse da tutti condivisa.

Nella predicazione di Ambrogio non è secondaria nemmeno la forma del suo dire. Parlava bene. Era affascinante. Agostino incominciò ad andare ad ascoltarlo, lui che era un professore di eloquenza, proprio perché correva voce che Ambrogio fosse uno straordinario parlatore. Il motivo era discutibile, ma che Ambrogio parlasse in modo limpido e accattivante era di grande giovamento per tutti, dai più semplici, come la madre di Agostino, alle persone dotte e raffinate, come Agostino stesso.

Certo, nemmeno oggi si dovrebbe andare in Chiesa per ascoltare l'omelia di un sacerdote piuttosto di un altro perché « quello parla bene ». Ma l'impegno di fare della predicazione un luogo ricco di interesse dovrebbe diventare un sacrosanto puntiglio per me e per tutti i sacerdoti. Ciò richiede disciplina nel lavoro di preparazione, autocontrollo mentre si espone l'insegnamento del Signore, sguardo negli occhi degli ascoltatori, con il desiderio che succeda quel che avvenne quando l'apostolo Pietro predicò sulla piazza di Gerusalemme. Si legge nel libro degli Atti che quelle persone « si sentirono trafiggere il cuore » (At 2,37).

Cor ad cor loquitur

C'è anche un altro aspetto che mi interpella quando medito sulla figura del vescovo Ambrogio. È ciò che Agostino dice di lui quanto alla relazione personale che ha potuto instaurare. Non è che siano stati frequenti i colloqui fra i due. Anzi, sono stati piuttosto rari. Ambrogio era assediato ogni giorno, come scrive lo stesso Agostino, da molte persone che cercavano di parlare con lui per le più disparate questioni[16]. Non è escluso nemmeno che Ambrogio non si sentisse del tutto a proprio agio nel trattare con un giovane intellettuale, molto problematico e certamente non facile da guidare. Agostino tuttavia è colpito dalla benevolenza di Ambrogio nei suoi confronti, e anzi dalla sua delicatezza. Trova peraltro normale che egli testimoni questo atteggiamento: gli sembra quello più appropriato per un vescovo.

Questi particolari mi fanno ripensare al motto episcopale che ho scelto prendendolo dal card. J.H. Newman: *Cor ad cor loquitur*. La direzione nella

[16] Cfr. *Conf.*, VI, 3.3.

quale queste parole mi spingono è evidente. Confesso che quando le ho scelte le ho intese soprattutto come un proposito. È così anche adesso. Ciò che in questo ambito dovrei fare è molto di più. Mentre chiedo scusa di tutte le lacune da me mostrate in questi anni a tale riguardo, riaffermo che la prospettiva mi affascina e che rinnovo pubblicamente per il futuro il proposito fatto in passato.

È Dio che fa crescere

C'è infine ancora un aspetto importantissimo che Agostino sperimenta nel contatto con Ambrogio. È un fatto paradossale. Per un verso, infatti, Ambrogio ha certamente un peso specifico notevole in rapporto alla sua conversione. Nel medesimo tempo, però, egli comprende sempre più che, dietro ad Ambrogio e attraverso di lui, chi sta bussando alla porta della sua vita è Dio.

Lo diceva già l'apostolo Paolo ai Corinzi quando, in presenza delle divisioni nella comunità perché alcuni si dicevano del gruppo di Cefa, altri di Paolo, altri di Apollo, li rimproverò duramente ricordando loro che lui, Apollo e gli altri, erano soltanto servitori di Dio e che il loro grande onore era quello di collaborare con Dio, e non certo di sostituirsi a lui o di farne a meno. Diceva infatti: « Ma che cosa è mai Apollo? Cosa è Paolo? Ministri attraverso i quali siete venuti alla fede e ciascuno secondo che il Signore gli ha concesso. Io ho piantato, Apollo ha irrigato, ma è Dio che ha fatto crescere » (1Cor 3,5-6).

Queste parole di Paolo risuonano forti anche per me. Altrettanto spero che vengano percepite da tutti i sacerdoti. Noi siamo preziosi e, nel medesimo tempo, rimaniamo *servi inutili*. Il Regno di Dio, che noi siamo chiamati ad annunciare, non solo è « di Dio », ma (anche e prima) è « da Dio »: lui ne è l'unico possibile protagonista. Il Regno di Dio annunciato da Gesù, generato nel grembo di Maria per opera dello Spirito Santo, introduce infatti nella sua stessa condizione filiale. Solo su questo fondamento diventa possibile chiamare Dio, con verità, «*Abbà*, Padre ».

La conseguenza semplice che deriva da questo modo di vedere il ministero del vescovo e del sacerdote, è di considerare decisivo in tutto il nostro lavoro il « discernimento spirituale ». Esso va esercitato ogni giorno. E ciò avviene effettivamente quando noi affrontiamo ogni incontro e ci dedichiamo a ogni attività emergendo dalle profondità del dialogo e della comunione con il Signore, per poi immergerci di nuovo nelle acque di Dio.

CAPITOLO SECONDO

MONICA

Il nome di Cristo Salvatore pregustato con il latte materno

Un secondo volto da ricordare è noto ad Agostino fin dalla nascita: quello di sua madre. Si chiamava Monica. Era cristiana autentica e da sempre. Diede al mondo Agostino quando aveva ventitré anni. Ebbe altri due figli. Il marito si chiamava Patrizio. Non era cristiano, e tuttavia era «tollerante e aperto all'educazione cristiana dei figli»[17]. Diventerà cristiano al termine della sua vita. Agostino attribuisce alla madre anche il percorso personale verso la fede da parte del marito: «Alla fine – scrive – riuscì a guadagnare a te anche il marito, giunto ormai al termine della sua vita terrena, e non dovette più deplorare in lui, che era entrato nella pienezza della fede, ciò che aveva sopportato quando ancora non lo era»[18].

Quando Agostino lascia l'Africa e va a Roma per intraprendere gli studi e giungere all'insegnamento, la madre lo vorrebbe accompagnare. Lo raggiungerà più tardi, prima a Roma e poi a Milano[19]. Qui Agostino rimarrà per quattro anni (384-388). Diventato ormai cristiano, si metterà in viag-

[17] G. Vigini, *Agostino di Ippona. L'avventura della grazia e della carità*, Cinisello Balsamo (Milano) 1988 (Tempi e figure, 9), p. 14.
[18] *Conf.*, IX, 9.22.
[19] Cfr. *Conf.*, VI, 1.1.

gio per il ritorno in Africa, la madre morirà a Ostia. Aveva cinquantasei anni e Agostino trentatré. Disse al figlio di non preoccuparsi del luogo della sua sepoltura: « Niente è lontano da Dio, e non c'è da temere che alla fine del mondo egli non sappia riconoscere il luogo dove risuscitarmi »[20].

1. Un rapporto singolare tra madre e figlio

Il rapporto tra Agostino e la madre è piuttosto singolare. Nel libro de *Le Confessioni* diverse pagine sono a lei dedicate. Quelle relative alla malattia e alla morte sono particolarmente commoventi per la loro profondità e finezza.

Il latte materno e il nome di Cristo

Se mi domando in quale modo questa donna semplice abbia potuto aiutare l'intellettuale Agostino a diventare cristiano, raccolgo da lui stesso qualche risposta. Prima di tutto, gli ha fatto « pregustare con il latte materno » il nome di Cristo[21]. Un'immagine bella e forte. Una gioia per una madre credente. Una fortuna per un bambino. Sempre a questo riguardo, Agostino afferma – e l'osservazione sorprende – che il suo cuore « ha poi sempre custodito nell'intimo » quel nome, o si intende il nome di Cristo[22], anche se tutto, nella con-

[20] *Conf.*, IX, 11.28.
[21] Cfr. *Conf.*, III, 4,8.
[22] *Conf.*, III, 4,8.

dotta degli anni giovanili, pareva dire il contrario e far pensare a una lontananza o negazione del Signore. In realtà, sotto la cenere c'era un fuoco ancora acceso. Quanto al rapporto con il cristianesimo, Agostino non era dunque *tabula rasa*. In un certo senso, è sempre stato catecumeno: «Avevo già sentito parlare, quand'ero ancora bambino, della vita eterna che ci è promessa grazie all'umiltà del Signore nostro Dio[...]; portavo già il segno della sua croce e mi era stato cosparso il suo sale al momento di uscire dal grembo di mia madre che aveva riposto grandi speranze in te»[23].

Il battesimo mancato

Come mai però – ci si può chiedere – Agostino non ha ricevuto il battesimo? Bisogna anzitutto ricordare che «il differimento del battesimo a un'età più matura era piuttosto frequente a quei tempi, e a Monica una tale decisione era stata probabilmente dettata dalla situazione familiare, in cui la presenza di un padre ancora pagano e di costumi morali non irreprensibili la induceva, forse, a ritenere ancora troppo incerta, o troppo poco efficace per il figlio l'adesione a un sacramento così impegnativo per la vita di fede»[24]. Agostino non mancherà, più tardi, di manifestare il suo rammarico per non aver ricevuto il battesimo. Egli ebbe

[23] *Conf.*, I, 11.17; cfr. R. Guardini, *La conversione di sant'Agostino*, Brescia 1957, pp. 159-169.

[24] G. Vigini, *Agostino di Ippona*, p. 15.

un momento di grave malattia: «fui improvvisamente assalito dalla febbre e stavo per morire. [...] Sollecitai dalla pietà di mia madre e della madre di tutti noi, la tua Chiesa, il battesimo del tuo Cristo. [...] La madre stava già provvedendo in tutta fretta a che fossi iniziato ai sacramenti della salvezza[...], quando d'improvviso tornai alla vita. Così la mia purificazione fu rimandata, come se fosse stato inevitabile che mi sarei macchiato ancora nel corso della vita, e certo, dopo quel lavacro sacro, la colpa sarebbe stata più grave e pericolosa se fossi caduto nel fango del peccato»[25].

A proposito del battesimo, Agostino in futuro sosterrà che è una grazia da non rimandare. C'era nell'aria, ai suoi tempi, questo modo di pensare, a proposito dei ragazzi: «Lascialo fare, tanto non è ancora battezzato». Ma egli aggiunge: «Quando però si tratta della salute del corpo, non diciamo: lascia che continui a farsi male, tanto non è ancora guarito. Quanto, dunque, sarebbe stato meglio per me guarire in fretta e assicurarmi, con ogni premura da parte mia e dei miei, che la salvezza della mia anima, una volta ricevuta, fosse posta sotto la protezione tua, che l'avresti data»[26].

«Camminavo nelle tenebre»

Nonostante la sua fede Monica dovrà patire la cocente delusione di vedere il figlio perdersi, ne-

[25] *Conf.*, I, 11.17.
[26] *Conf.*, I, 11.18.

gli anni dell'adolescenza e della giovinezza, in una vita dissoluta e dietro a filosofie incompatibili con il cristianesimo. Come dice Agostino di se stesso: « Camminavo nelle tenebre e su strade scivolose; ti cercavo fuori di me e non trovavo il Dio del mio cuore. Avevo ormai toccato il fondo del mare, non avevo più fiducia e perso ogni speranza di trovare la verità»[27]. Ma aggiunge: « Già mi aveva raggiunto mia madre che, forte della sua fede, mi aveva seguito per mare e per terra, sicura in te anche in mezzo ai pericoli. Nei momenti difficili della traversata, era lei a far coraggio persino ai marinai [...]. Mi piangeva davanti a te come un morto, ma un morto da resuscitare, e nella sua mente si immaginava di presentarmi a te nella bara, perché tu dicessi al figlio della vedova: giovane, dico a te, alzati, ed egli tornasse alla vita, cominciasse a parlare e tu lo rendessi a sua madre »[28]. Di più: « aveva la certezza in Cristo che prima di lasciar questa vita mi avrebbe visto nella fede cattolica. Così disse davanti a me »[29].

Preghiere e lacrime

Che cosa fa, questa donna, in presenza della dolorosa situazione del figlio durata oltre dieci anni? Verrebbe da dire: nulla. Che poteva fare? Come aiutare un figlio geloso della sua autono-

[27] *Conf.*, VI, 1,1.
[28] *Conf.*, VI, 1,1.
[29] *Conf.*, VI, 1,1.

mia e, col passare del tempo, tanto più istruito di lei? Ma quella madre sapeva che qualcosa poteva fare. Precisamente due cose.

Ecco la prima: « Davanti a te, fonte di misericordia, scorrevano preghiere e lacrime sempre più abbondanti perché tu venissi presto a soccorrermi e a illuminare le mie tenebre »[30]. È il caso di notare che Monica non predicava nella basilica cristiana, come faceva il vescovo. Ma non tutti devono svolgere quel ministero. Né si sa quale sia, in definitiva, il compito più importante o più decisivo per le persone. Nell'opera che conduce le anime alla fede c'è spazio anche per un lavoro che consiste precisamente nelle preghiere e nelle lacrime. E Agostino, parlando di tutta la sua famiglia, aggiunge che la madre « aveva allevato i suoi figli, partorendoli di nuovo ogni volta che li vedeva deviare da te »[31].

Monica e Ambrogio

Ed ecco la seconda. Quelle preghiere e lacrime non le impediscono di percepire che, giungendo a Milano, ha trovato una grande fortuna: quella di incontrare il vescovo Ambrogio. Egli è diventato per lei un vero punto di riferimento e un luogo di costante illuminazione. Ricorda Agostino: « Con più intenso zelo correva in chiesa a pendere dalle labbra di Ambrogio, fonte d'acqua zam-

[30] *Conf.*, VI, 1,1.
[31] *Conf.*, IX, 9.22.

pillante per la vita eterna. Essa amava quell'uomo come un angelo di Dio, da quando aveva saputo che era stato lui a guidarmi verso quello stato di dubbio problematico; aveva il presentimento certo che quella fase di transizione mi avrebbe condotto dalla malattia alla salute, dopo aver superato uno stadio di pericolo più acuto, una specie di fase critica, come la chiamano i medici»[32].

Perciò Agostino non manca di aggiungere ancora parole molto significative a proposito del rapporto che sua madre aveva con Ambrogio: «A lui andava tutto il suo affetto, per amore della mia salvezza; così come lui amava mia madre per la sua pratica di vita molto pia, per lo zelo ardente con cui compiva le opere buone e frequentava la chiesa: tanto che, quando mi vedeva, usciva spesso fuori in parole di elogio nei suoi confronti, congratulandosi con me perché avevo una simile madre, ignorando invece che razza di figlio lei aveva in me, che dubitavo di tutte queste cose e non credevo assolutamente di poter trovare la via della vita»[33].

2. Il primo incontro di Agostino con la Chiesa

Se la relazione di Agostino con Ambrogio chiama in causa direttamente me stesso, come vescovo, quanto ho ricordato adesso, a proposito del rapporto di Agostino con sua madre, chiama in causa la famiglia.

[32] *Conf.*, VI, 1.1.
[33] *Conf.*, VI, 2.2.

Presenza della madre e assenza del padre

Dalle pagine di Agostino emerge la presenza continua (che talvolta può parere addirittura eccessiva) di una madre e l'assenza sostanzialmente totale del padre, peraltro diventato catecumeno quando Agostino aveva sedici anni e poi morto l'anno seguente. Verrebbe da dire che ci troviamo di fronte a un caso moderno anche da questo punto di vista, senza tuttavia dimenticare che, nel IV secolo, i cristiani erano una minoranza sia in Numidia che a Milano.

Mi pare pregevole che un padre pagano non si opponesse all'educazione cristiana dei figli. E non mi sembra senza significato che, sia pure alla fine della vita, quest'uomo divenga anch'egli cristiano. Mi sembra soprattutto eloquente la convinzione granitica di Monica di poter contribuire, nonostante il contesto familiare non del tutto favorevole, all'introduzione dei figli alla vita cristiana.

Incisività dei fondamenti dati durante l'infanzia

Vorrei però tornare, in particolare, sul cenno fatto al latte materno. In certo senso, come ho già detto, il cristianesimo è stato «donato» ad Agostino già da quando ha cominciato a succhiare quel latte.

Lo dico più volte ai genitori, soprattutto in occasione della visita pastorale: con i bambini e i ragazzi voi avete ancora enormi possibilità di introdurre nella vita cristiana. Più avanti, quando giungerà l'adolescenza, certamente occorreranno anche altri contesti, oltre a quello familiare, per sostenere un'adesione matura dei figli alla fede. Intanto, però, non bisognerebbe perdere l'occasione.

Anche se Monica non conosceva i moderni studi di psicologia infantile, soprattutto per quanto dicono circa l'incisività dei fondamenti dati in famiglia durante l'infanzia, di fatto ha tenuto conto di questo principio di saggezza. Non ne vorremo tenere conto noi? Occorre forse stare attenti a un rischio. Con il pretesto che «dopo» (cioè quando i figli diventano grandicelli) tutto il lavoro compiuto dalla famiglia verrà inesorabilmente travolto, si potrebbe lasciar cadere l'impegno a fare quello che non solo è possibile, ma persino determinante per tutte le stagioni future della vita.

Prima scoperta della Chiesa « madre »

Ancor più mi preme dare evidenza a un'affermazione di Romano Guardini, che ha scritto un'opera sulla conversione di Agostino. « Monica – egli afferma – sembra essere stata, nell'esistenza di Agostino, la guida, la viva personificazione della Chiesa »[34].

Si può dire che, senza saperlo, egli aveva incontrato la Chiesa già da piccolo. E anzi, dalla

[34] R. Guardini, *La conversione di sant'Agostino*, p. 177.

Chiesa, attraverso sua madre, non sarebbe mai stato abbandonato. È infatti questo accompagnamento lungo tutto il suo cammino quello che Monica esprime e garantisce. Attraverso la sua persona avviene il miracolo della comunicazione del Vangelo e dell'introduzione alla conoscenza di Cristo.

Tale dono ha significato per lui cose estremamente importanti. Agostino si è trovato dinanzi non semplicemente a opinioni religiose, ma a una concreta esistenza che dava visibilità e coerenza a qualcosa che lo precedeva. Sua madre incarnava una *tradizione vivente*, quella appunto della Chiesa. Consegnava al figlio quanto lei stessa dalla Chiesa aveva ricevuto e, soprattutto, fatto diventare vita della sua vita.

In questo senso Monica è stata madre di Agostino due volte: mettendolo al mondo e dandogli la testimonianza vivente di che cosa significhi essere cristiani. Anche se egli lo comprenderà molto più tardi, la madre Monica è diventata per lui *la madre Chiesa*. Non mancherà infatti di riflettere su questa esperienza. Giungerà anche a insegnare con ampiezza e profondità che tutto è grazia, anzi grazia «preveniente», e cioè che ci precede.

In questo contesto le preghiere e le lacrime di Monica non sono gesti disprezzabili di una persona di poco conto. Esprimono invece un amore misericordioso, forte, paziente, perseverante: quello che Dio ha per noi; quello che la Chiesa

« madre » è chiamata a donare perché anche i cuori più induriti si aprano alla voce di Dio, la intendano e l'accolgano[35].

[35] Cfr. A. Caprioli, *La conversione (un ritorno ad Agostino)*, Milano 1987, pp. 38-45.

Capitolo terzo
Simpliciano

«Per confidargli i miei turbamenti»

C'è un terzo volto da considerare, quello di Simpliciano. Una figura eccezionale e meravigliosa. Quando incontra Agostino è un semplice prete, mentre Ambrogio è già vescovo di Milano. Diventerà lui stesso vescovo, succedendo immediatamente ad Ambrogio, «dal quale era amato proprio come un padre»[36]. Diventerà padre anche di Agostino che lo incontra mentre è alla ricerca di una persona con la quale discutere, dibattere, dialogare, avere l'aiuto per un discernimento spirituale. Per grazia di Dio trova in lui un uomo che, a quei tempi, nella Chiesa di Milano era un punto di riferimento culturale attorno al quale si radunavano persone interessate alla filosofia, alla letteratura, alla teologia. Era un prete preparato, colto, capace di svolgere con competenza un ruolo di guida nei confronti di coloro che gli ponevano anche domande complesse sulla vita dell'uomo. Agostino era una di queste persone.

[36] *Conf.*, VIII, 2.3; cfr. A. Paredi, *Sant'Ambrogio. L'uomo, il politico e il vescovo*, Milano 1985; L. Crivelli, *Simpliciano. Vescovo della Chiesa milanese. Una guida dal silenzio*, Cinisello Balsamo (Milano) 1994 (Tempi e Figure, 21), p. 60.

I segreti rimasti tra Ambrogio e Agostino

Per la verità, come ho già accennato, Agostino avrebbe desiderato potersi confidare e discutere direttamente con il vescovo Ambrogio. Aveva anche il desiderio di capire il segreto di quell'uomo. Era curioso di saperlo. Ma ciò rimaneva un segreto, così come egli rimaneva un segreto per Ambrogio: « Quali speranze portasse in sé quest'uomo e quali lotte dovesse sostenere contro le tentazioni del suo stesso prestigio, quali consolazioni trovasse nelle avversità, quale fosse la fame nascosta che aveva nel cuore e che gioia provasse nel gustare il tuo pane: di tutto questo non avevo alcuna idea né esperienza diretta. Del resto, neanche lui sapeva delle angosce della mia anima, né l'abisso in cui rischiavo di precipitare »[37].

L'incontro personale con Ambrogio rimaneva dunque difficile: « Non potevo chiedergli ciò che volevo e come volevo, perché mi teneva lontano dalle sue orecchie e dalla sua bocca una folla di gente piena di problemi, di cui era sempre pronto ad ascoltare i bisogni »[38]. Peraltro, Agostino compie un gesto singolare che mostra quanto desiderio avesse di incontrare Ambrogio. Andava nella sua casa e vi rimaneva in silenzio osservandolo mentre leggeva le pagine della Sacra Scrit-

[37] *Conf.*, VI, 3.3.
[38] *Conf.*, VI, 3.3.

tura. «Quando leggeva gli occhi scorrevano le pagine e il cuore ne penetrava il senso, mentre la voce e la lingua tacevano. Molto spesso quando eravamo là – poiché a nessuno era proibito entrare e non c'era l'abitudine di farsi annunciare – lo vedevamo leggere così, in silenzio, e mai in altro modo; restavamo seduti a lungo senza dire niente (chi mai avrebbe osato disturbare un uomo così assorto?)»[39].

Un'ispirazione di Dio

Per fortuna appare all'orizzonte Simpliciano: «Tu suggeristi alla mia mente l'idea – parsa buona ai miei occhi – di recarmi da Simpliciano, che conoscevo come tuo servo fedele e nel quale risplendeva la luce della tua grazia. Avevo sentito dire che, già in gioventù, egli aveva vissuto in una totale dedizione a te e, ora che era diventato vecchio, con il peso di così lunghi anni spesi con tanto zelo a seguire la tua via, mi appariva con tutta la ricchezza della sua esperienza e della sua sapienza: e così era davvero»[40].

Se mi domando perché Agostino sia andato a trovare Simpliciano, mi sembra che si possano dare due risposte. La prima era la stima che Simpliciano godeva ai suoi occhi; la seconda, non meno importante, era la condizione intima di Agosti-

[39] *Conf.*, VI, 3.3.
[40] *Conf.*, VIII, 1.1.

no e le questioni che gli premevano dentro: «Era mio desiderio ricorrere a lui per confidargli i miei turbamenti e ricevere consigli sul metodo più idoneo, per uno nella mia condizione, di camminare nella tua via»[41].

I motivi che lo conducevano da Simpliciano dicono già molto circa i contenuti dell'incontro: «Gli raccontai le mie peripezie nell'errore e quando riferii di aver letto alcuni libri dei neoplatonici, tradotti in latino da Vittorino – che era stato retore a Roma e che, a quanto si diceva, era morto cristiano –, si rallegrò con me perché non avevo frequentato gli scritti di altri filosofi ove pullulavano menzogne e inganni [...] mentre invece in quelli [neoplatonici] per molti versi si insinua l'idea di Dio e del suo Verbo»[42].

I contenuti degli incontri si riferivano dunque ai turbamenti che accompagnavano e tormentavano la vita di Agostino e anche a studi e letture che andava facendo in quegli anni. Da questo accenno si intuisce che il rapporto tra Simpliciano e Agostino non sia stato limitato semplicemente a qualche sporadico incontro: «Agostino trovò in Simpliciano tempo e disponibilità, esattamente quello che si rammaricava di aver cercato invano in Ambrogio; pazienza, santità e sapienza abilitavano il vecchio presbitero nel compimento delle funzioni che in quel momento erano necessarie

[41] *Conf.*, VIII, 1.1.
[42] *Conf.*, VIII, 2.3.

per il tormentato e cavilloso africano: illuminargli la mente e purificargli il cuore »[43].

Il passo compiuto e quello da intraprendere

Quando Agostino incontra personalmente Simpliciano ha già maturato un passo fondamentale. Eccolo: « Le tue parole si erano scolpite nel mio cuore e da ogni parte ero assediato da te. Della tua vita eterna ero ormai certo, benché la vedessi ancora sotto forma di enigma e come in uno specchio »[44]. Ma altri passi lo attendevano: « Ciò che desideravo non era una più forte certezza di te, bensì una maggiore stabilità in te. In realtà, tutto traballava nella mia vita temporale e il mio cuore doveva essere purificato dal lievito vecchio; ero attirato dalla via, dalla persona del Salvatore, ma stentavo ancora a seguirlo per i suoi stretti sentieri »[45].

Queste parole permettono di capire che Agostino era ormai giunto al punto di riconoscere nel cristianesimo la verità, ma non era ancora interiormente disposto a trarre le conseguenze pratiche della conversione. Già aveva dovuto affrontare molti problemi di carattere intellettuale, e anche in questo è consistita la sua conversione[46]. Ma a questo punto avverte che è chiamata in causa la sua volontà. Forse è il caso di ricordare, a proposito

[43] L. Crivelli, *Simpliciano*, p. 60.
[44] *Conf.*, VIII, 1.1.
[45] *Conf.*, VIII, 1.1.
[46] Cfr. *L'itinerario della fede in sant'Agostino*, Atti della settimana agostiniana pavese, Pavia 1969, pp. 23-60.

della sua condizione morale, che in quel momento conviveva con una donna diversa da quella che l'aveva reso padre di Adeodato, un figlio che morirà nel pieno della giovinezza, a soli diciassette anni (quando Agostino l'ha messo al mondo aveva pressappoco quell'età): «Era ancora molto forte il legame che mi teneva stretto a una donna. Non che l'Apostolo mi proibisse di prender moglie. [...] Debole com'ero, sceglievo una posizione più comoda, e questo era il solo motivo per il quale diventavo fiacco anche nel resto e andavo consumandomi in snervanti affanni, dato che la vita coniugale a cui ero fortemente legato, mi costringeva a tante altre cose che avrei voluto evitare»[47].

La forza della testimonianza

La pedagogia adottata da Simpliciano nel parlare con questo giovane così complesso, sia sul fronte intellettuale che su quello morale, è stata senza dubbio caratterizzata dall'impegno di affrontare temi filosofici e teologici. Ma Simpliciano non si è limitato a seguire questo sentiero, peraltro appena accennato nelle pagine de *Le Confessioni*. Egli ha attribuito molta importanza a quello della testimonianza. Perciò ha dato spazio a uno spunto che Agostino stesso aveva offerto nella conversazione

[47] *Conf.*, VIII, 1.2.; cfr. S. Pagani, *L'educazione degli affetti nella comunità cristiana*, in *Rileggere un'esperienza fondamentale (giovani, affetti, corporeità, sessualità)*, Novara 2003 (Diocesi di Novara - Cammino pastorale 2002-2004, fasc. 5), pp. 9-26.

facendo riferimento alle traduzioni dei neoplatonici compiute da un certo Caio Mario Vittorino, conosciuto personalmente da Simpliciano: «Per esortarmi all'umiltà di Cristo, nascosta ai sapienti e rivelata ai piccoli, prese a parlarmi di Vittorino, con cui aveva avuto rapporti molto stretti al tempo in cui era stato a Roma»[48]. Essendo un'acuta guida spirituale, Simpliciano aveva intuito che per un giovane intellettuale come Agostino potesse molto giovare confrontarsi con l'esempio di un altro grande intellettuale, notissimo a Roma.

«Oramai sono cristiano»

A proposito della storia e della personalità di Vittorino, Simpliciano rimarcò la strada fondamentale per la sua maturazione: «leggeva la Sacra Scrittura, studiava e meditava con grande impegno gli autori cristiani»[49].

Raccontò pure di averlo sollecitato a compiere anche un passo che lo avrebbe messo in difficoltà di fronte agli altri e che, però, sarebbe stato un segno certo della sua adesione intima al Signore. Gli diceva che non era sufficiente che lo andasse a trovare privatamente, da amico ad amico, e che gli dicesse: «Sappi che ormai sono cristiano»[50]. Gli rispondeva: «Non lo crederò né ti conterò nel numero dei cristiani fintanto che non ti avrò visto

[48] *Conf.*, VIII, 2.3.
[49] *Conf.*, VIII, 2.4.
[50] *Conf.*, VIII, 2.4.

nella chiesa di Cristo. E l'altro replicava, scherzando: ma allora sono i muri che fanno i cristiani? »[51]. Simpliciano sospingeva Vittorino a compiere un passo pubblico. Ma questi « aveva paura di dispiacere ai suoi amici [...], ritenendo che dall'alto della loro babilonica dignità gli sarebbe piombato addosso tutto il peso della loro ostilità »[52].

Senza arrossire

Riuscì a superare questa paura: « Ciò che aveva letto con avida passione gli diede nuova forza, e si spaventò all'idea di essere rinnegato da Cristo per aver avuto paura di riconoscerlo davanti agli uomini. Così gli parve di commettere una grave colpa ad arrossire dei misteri d'umiltà del tuo Verbo e non arrossire dei sacrileghi riti che con superbia aveva accolto e imitato. Provò vergogna del proprio errore e prese ad arrossire davanti alla verità, tanto che Vittorino uscì improvvisamente in questa frase: andiamo in chiesa, voglio diventare cristiano. Simpliciano, fuori di sé dalla gioia, andò con lui »[53].

Così si preparò al battesimo e fece la professione pubblica della fede cristiana. La compì « da un punto sopraelevato, dinanzi a tutto il popolo. I sacerdoti, riferiva Simpliciano, proposero a Vittorino di farla in privato. Vittorino, invece, preferì compiere l'atto della sua salvezza davanti alla sacra assemblea. Nel-

[51] *Conf.*, VIII, 2.4.
[52] *Conf.*, VIII, 2.4.
[53] *Conf.*, VIII, 2.4.

la retorica che insegnava non c'era traccia di quella salvezza, eppure non aveva esitato a professarla in pubblico. Perché dunque, se non gli procurava alcun disagio proclamare le sue parole davanti a un pubblico delirante, avrebbe dovuto aver paura di proclamare la tua parola [...]? Al momento di salire per la professione di fede, tutti quelli che lo conoscevano, passandosi la voce, cominciarono a scandire il suo nome [...]: Vittorino, Vittorino. Poi, vedendolo, la gente scoppiò all'improvviso in grida di gioia e, immediatamente dopo, si raccolse in silenzio ad ascoltarlo. Egli fece la professione nella vera fede con una sicurezza davvero ammirevole, e tutti sembravano fare a gara per rapirselo nel cuore»[54].

Agostino commenta il racconto di Simpliciano in questo modo: «Non appena il tuo servo ebbe terminato di raccontarmi queste cose di Vittorino, mi invase il desiderio ardente di imitarlo: con questo scopo, del resto, me ne aveva parlato»[55]. Simpliciano aveva dunque fatto bene a seguire la strada di raccontare un'affascinante testimonianza a un giovane in ricerca.

2. Tutti noi preti siamo chiamati in causa

Dove sta l'autorevolezza?

È bello che a essere guida riconosciuta di un giovane sia stato un vecchio prete. È di consola-

[54] *Conf.*, VIII, 2.5.
[55] *Conf.*, VIII, 5.10.

zione e di incoraggiamento per tutti i nostri sacerdoti. Sta a dire che, per le scelte di fondo dei giovani, non è l'anagrafe a renderci loro contemporanei, bensì la figura cristiana che ad Agostino è sembrato di scorgere sul volto di Simpliciano: un uomo che, già da giovane, si era dedicato a Cristo e che, diventato anziano, perseverava nella fedeltà senza che questa esperienza diventasse mai abitudine vecchia o stantia.

Se una cosa era assente dal comportamento e dalle parole di Simpliciano, questa era l'intendere il ministero sacerdotale semplicemente come un vestito da indossare in determinati momenti e situazioni. No: egli era veramente un uomo di Dio. Niente altro che Cristo era fonte di unità nella sua vita. In questo Agostino riconosce l'autorevolezza di quell'uomo. Si comprende come mai, tanti anni dopo, nel 397, in una *Lettera* (37,1) avrà piacere di riconoscerlo come «padre per lui nella fede»[56].

La questione cruciale

Non si può evidentemente sottovalutare la delicatezza e la difficoltà di svolgere, da parte dei nostri sacerdoti, il compito di «padri spirituali» dei giovani (e non solo di loro). Sono richieste molte doti e un'accurata preparazione. Questa poi non

[56] Cfr. Sant'Agostino, *Le Lettere*, I, a cura di T. Alimonti, L. Carrozzi, Roma 1969 (Nuova Biblioteca Agostiniana. Opere di sant'Agostino, 22), pp. 292-293.

sarà mai finita, non solo e non tanto perché le scienze dell'uomo sono in continua evoluzione, quanto perché l'animo umano rimane un mistero per l'uomo stesso: una realtà largamente insondabile di cui Dio solo conosce il segreto.

C'è soprattutto da affrontare, da parte di un accompagnatore spirituale, una questione cruciale. Egli non è assolutamente chiamato a essere una specie di istruttore tecnico su cose che riguardano la vita religiosa. Ha invece il compito ben più arduo e bello di essere un interprete penetrante di uno spartito musicale del quale capire il tema e il suo sviluppo, l'ispirazione profonda e la forza poetica, le incertezze e ciò che resta incompiuto, le dissonanze e i passaggi più difficili, la melodia e l'impasto dei molti strumenti dell'orchestra. Quello spartito è il cuore dell'uomo. È questo che va capito. Per usare un termine antico, si potrebbe parlare di «cardiognosi», e cioè di capacità di conoscere il cuore.

La lettura del cuore è da intendere, oggi soprattutto (più di quanto non avvenisse per Agostino, pur tentato dallo scetticismo), come capacità di suscitare domande: questo è quanto viene richiesto, nell'epoca della post-modernità, a un accompagnatore spirituale, soprattutto dei giovani. Sono infatti le domande a essere spesso occultate. Vanno dissepolte con coraggio e fiducia. Per quanto nascoste, esse ci sono. Ne sono prova persuasiva i grandi educatori cristiani, che nemmeno oggi mancano. È la loro scuola e il loro metodo, che potrebbe in certo senso far pensare a quello maieutico di Socrate (anche se poi essi vanno oltre), che occorrerebbe assiduamente frequentare da parte di tutti coloro che – sacerdoti, religiosi e laici – intendono imparare non semplicemente delle formulette (alla fine del tutto inutili), ma il modo di toccare i giovani nel profondo, di suscitare in loro stupore, di far loro avvertire il mistero che ci avvolge da ogni parte, di condurli a una forte esperienza di silenzio, di sollecitarli a rientrare in se stessi, di aiutarli a percepire che la grandezza dell'uomo sta anzitutto nelle domande che si pone e che fanno di lui la coscienza dell'universo[57].

Non a tutti viene fatto un dono di questo genere. Si tratta di una delle più importanti grazie che lo Spirito Santo fa alla Chiesa: il dono di *intus legere* e poi anche il dono della «profezia», nel senso della capacità di trovare le parole giuste per esprimere una indicazione che interpreti in modo adeguato il cammino cristiano di una persona. Lo Spirito Santo elargisce questo dono non solo ai sacerdoti, anche se per svolgere il ministero è necessario constatare che, almeno in qualche misura, un simile dono è stato ricevuto da ogni candidato al sacerdozio. La storia della spiritualità

[57] Cfr. F. Garelli, *Credenti e Chiesa nell'epoca del pluralismo. Bilancio e potenzialità*, in *Il Vangelo della carità per una nuova società in Italia*, Città del Vaticano 1996, pp. 54-55 (su «I fondamentali della fede»).

cristiana insegna che i doni del discernimento spirituale e del consiglio emergono anche nell'esperienza di religiosi, religiose e fedeli laici.

La vicenda di Agostino conduce a riconoscere che la saggezza di Simpliciano è stata quella di capire che, per aiutare efficacemente quel giovane, non doveva tanto inoltrarsi sul terreno di molte discussioni di principio, pure necessarie e importanti, quanto offrirgli esempi concreti, stimolanti e affascinanti. Egli comprese che l'esitazione vera di Agostino era quella di una « libertà che, benché già orientata a Cristo, soffre ancora i rallentamenti e i rinvii nei confronti di scelte evangeliche erette a forma concreta di vita »[58]. Oggi, non meno che 1700 anni fa, chi tratta con i giovani e intende percorrere un cammino insieme con loro dovrà fare i conti con la grande esperienza della fede, intesa come reale e quotidiana « sequela » di Gesù. Si tratta di aiutare i giovani a « fare il Vangelo » e ad arrischiarsi su di esso con scelte che impegnino, sull'oggi, la libertà. Solo così, piano piano, si compagina in loro la conversione cristiana.

La vita pubblica della fede

Alla scuola di Simpliciano si coglie un tratto del diventare cristiani che, lungo l'epoca moderna (e anche oggi), viene più o meno apertamente negato. Talvolta lo si esprime così: ciascuno faccia liberamente la sua scelta religiosa, ma ten-

[58] A. Caprioli, *La conversione*, p. 34.

ga conto che questo riguarda le profondità nascoste della sua coscienza, non il suo vivere quotidiano e il suo inserimento responsabile nella società.

Al contrario, a Vittorino viene detto che il suo diventare cristiano non è e non deve rimanere un semplice fatto privato. Si tratta infatti di un passo che lo introduce in una comunità, quella della Chiesa. Vittorino lo comprenderà e si dimostrerà pronto anche a perdere una cattedra prestigiosa, «vigendo al tempo dell'imperatore Giuliano una legge che proibiva ai cristiani di insegnare lettere e retorica»[59]. Agostino non farà diversamente[60]. Il Cristo conosciuto diventerà l'amato del suo cuore e l'annuncio delle sue labbra. Anch'egli sarà pronto a mettere in discussione qualcosa che, prima di allora, si sarebbe ben guardato dal mettere in pericolo: la sua carriera. Ma ormai aveva capito che Cristo vale più di ogni successo umano e che, in ogni caso, del Signore Gesù Cristo non ci si deve vergognare. Si deve piuttosto sentirsi onorati di averlo incontrato perché tutto ci è dato in lui.

Anche ai giovani di oggi i padri spirituali daranno una mano perché Cristo tocchi le profondità del loro essere. Vi si devono dedicare ben sapendo che questo potrà avvenire per un miracolo che solo lo Spirito Santo è in grado di compiere. A quegli stessi giovani occorre però dare anche il

[59] *Conf.*, VIII, 5.10.
[60] Cfr. *Conf.*, IX, 5.13.

gusto di essere cristiani nel mondo e nella storia. Il cristianesimo, infatti, è incarnazione. Nessuno spazio umano resta fuori dal Vangelo: « Voi siete il sale della terra; voi siete la luce del mondo » (Mt 5,13-14).

Un « giovane-adulto »

C'è un'ultima osservazione che merita di essere fatta. Il travaglio spirituale che Agostino confidava a Simpliciano era molto disteso nel tempo: aveva avuto inizio quando aveva circa diciannove anni e avrebbe trovato un compimento significativo quando ne aveva circa trentatré. I quattro anni da lui vissuti a Milano ci mettono di fronte a un « giovane-adulto ». È giusto tener conto di questo particolare che contribuisce a fare de *Le Confessioni* un'opera eloquente per la nostra contemporaneità.

Agostino, che già esercitava una professione, ci sollecita infatti a una scelta molto moderna e tutt'altro che ovvia: quella di cercare il contatto con giovani dai venticinque ai trentacinque (e più) anni. Sono i giovani che, per lo più non prima dei ventotto anni, le nostre parrocchie vedono avvicinarsi per il corso di preparazione alla celebrazione del matrimonio religioso. Sono i giovani che, dopo aver frequentato le scuole superiori e magari anche l'università, entrano nel mondo del lavoro e si inoltrano sui sentieri della professione. Sono i giovani che affrontano la fase iniziale della vita matrimoniale e devono perciò trovare un equilibrio, non sempre facile, nel rapporto di coppia. E sono le coppie che, diventate per la prima volta padri e madri, debbono farsi carico della responsabilità di accudire un figlio e di educarlo dopo averlo amorosamente generato e accolto.

Qualora in termini di vita ecclesiale e di esperienza di fede dimenticassimo i « giovani-adulti », sarà meno facile che, in seguito, essi valorizzino appieno altre opportunità (che pur ci saranno) per recuperare i riferimenti cristiani essenziali. Se invece essi trovano sostegno, incoraggiamento e illuminazione, il guadagno sarebbe duplice: il primo riguarda la loro robustezza cristiana; il secondo riguarda la Chiesa stessa e l'intera società civile che troverebbero in loro dei validi responsabili per il futuro.

Capitolo quarto
Ponticiano

«Lo ascoltavamo pieni di stupore»

Ponticiano? Chi era costui? In effetti molti di noi hanno sentito parlare del vescovo Ambrogio, forse anche della madre di Agostino e (sicuramente meno) di Simpliciano. Di Ponticiano, invece, probabilmente non sappiamo proprio nulla. Eppure nel racconto de *Le Confessioni* trova largo spazio e non è esagerato dire che anch'egli ha contribuito alla conversione di Agostino. Se la familiarità con Ambrogio e Simpliciano (senza dire di quella con sua madre) era durata a lungo, l'incontro con questo giovane appare quasi del tutto casuale e ristretto nel tempo. In seguito, nel racconto de *Le Confessioni*, quel personaggio non apparirà più. Ma la grazia passa da dove vuole, anche dagli incontri occasionali e brevi. Essi possono essere più decisivi di quelli che noi diciamo programmati.

1. Antonio e gli altri

«Un giorno – scrive Agostino – venne a far visita a me e ad Alipio un certo Ponticiano, che ricopriva un'alta carica a palazzo e che era nostro compatriota, in quanto africano come noi: non so bene che cosa volesse [...]. Era un cristiano praticante e spesso, in chiesa, si prostrava dinanzi a te, Dio nostro, per innalzarti la sua lunga e fervente preghiera»[61].

«Non so bene che cosa volesse», sottolinea Agostino[62]. «Ci mettemmo a sedere per parlare, e, per caso, gli cadde l'occhio su un libro posato sopra un tavolo da gioco dinanzi a noi: lo prese, lo aprì e, con sua grande meraviglia, trovò che erano le lettere dell'apostolo Paolo, mentre si aspettava che fosse uno di quei libri che mi davo tanta pena a commentare a scuola. Allora, guardandomi, mi sorrise e si congratulò con me, dicendosi sorpreso di avere inaspettatamente trovato davanti ai miei occhi quel libro, e quel libro solo»[63].

E così la conversazione diventò un racconto. A una a una, venivano fatte emergere diverse testimonianze. Già Simpliciano aveva seguito questa pista, nei colloqui con Agostino. Qui la si riprende ancora. Più che alle parole ci si affida ai fatti.

Dalle lettere di Paolo il dialogo, continua Agostino, si diresse su Antonio, «il monaco egiziano che godeva di grande fama ma che noi, fino a quel momento, non conoscevamo ancora. Non appena se ne rese conto, si infervorò nel racconto per cercare di istruirci e manifestando la sua sorpresa per la nostra ignoranza. Lo ascoltavamo pieni di stupore»[64].

[61] *Conf.*, VIII, 6.14.
[62] *Conf.*, VIII, 6.14.
[63] *Conf.*, VIII, 6.14.
[64] *Conf.*, VIII, 6.14.

Monaci a Milano, monaci a Treviri

Da Antonio il discorso si spostò sulle comunità dei monasteri a cominciare da quello che si trovava « nella stessa Milano, fuori dalle mura [...], in cui vivevano dei bravi fratelli, e noi non lo sapevamo »[65]. Perciò, mentre Ponticiano continuava il racconto, « noi, tutti attenti, lo ascoltavamo in silenzio ». Dal monastero di Milano, Ponticiano condusse con le sue parole anche molto lontano da lì: a Treviri, una delle capitali dell'impero romano con Valentiniano I. Egli ricordava che alcuni suoi colleghi, personaggi dunque della corte, tempo addietro « erano andati a far quattro passi nei giardini attigui alle mura, un giorno nel quale l'imperatore era trattenuto al circo per lo spettacolo pomeridiano. Se ne andavano casualmente in giro a due a due, quando a un certo punto lui e un amico presero una strada, gli altri due un'altra. Questi ultimi, girando di qua e di là, finirono in una casupola abitata da alcuni tuoi servi, quei poveri nello spirito ai quali appartiene il regno dei cieli. Lì trovarono un libro che raccontava la vita di Antonio; uno di loro cominciò a leggerlo ». Subito si sentì profondamente interpellato e disse all'altro: « Che cosa speriamo di ottenere con questi sacrifici? Che cosa cerchiamo? Per quale causa stiamo lottando? »[66]. Andando avanti nella lettura « fu preso da ammirazione

[65] *Conf.*, VIII, 6.15.
[66] *Conf.*, VIII, 6.15.

ed entusiasmo, tanto che già meditava di abbracciare quella vita e di abbandonare la milizia del mondo per servire Te»[67]. E così infatti avvenne: l'uno e l'altro abbandonarono tutto per consacrarsi al Signore. A nulla valse che Ponticiano li invitasse a ritornare a palazzo. Oramai avevano deciso.

La tempesta, le lacrime, la luce

Gli esempi raccontati da Ponticiano erano assolutamente impensabili per Agostino. Era impensabile che nella vita della Chiesa cattolica esistesse il miracoloso dinamismo della vita consacrata e che ciò non riguardasse il passato remoto, bensì «un'epoca così vicina quasi a noi contemporanea»[68]. Impensabile che avvenisse nel centro dell'impero. Impensabile che avvenisse nella stessa città di Milano, e dunque vicino anche nello spazio, oltre che nel tempo. Impensabile che tutto ciò riguardasse personaggi importanti, già affermati nella vita. Impensabile che ciò coinvolgesse persino le loro fidanzate[69]. Tutto questo sconvolse interiormente Agostino e costituì, forse, lo stimolo definitivo per la soluzione del suo dramma interiore.

Egli si sentì seriamente posto di fronte a se stesso: «Tu, Signore, mentre [Ponticiano] parla-

[67] *Conf.*, VIII, 6.15.
[68] *Conf.*, VIII, 6.14.
[69] Cfr. *Conf.*, VIII, 6.15.

va, ricacciavi me in me stesso, scrollandomi da dietro le spalle dove mi ero sistemato per non guardarmi, mettendomi davanti al mio volto [...]. Mi ponevi di fronte a me stesso e mi spingevi davanti ai miei occhi per mettermi faccia a faccia con la mia malvagità»[70]. Anzi, le parole di Ponticiano conducevano Agostino a rodersi dentro di sé: «Eran come colpi di frusta le parole con cui percuotevo la mia anima»[71]. Provocavano una «furibonda lotta [...] nella stanza più segreta»[72]. L'amico Alipio assisteva alla scena «sbigottito e senza parole»[73] e fissava Agostino in silenzio. A esprimere lo stato d'animo di Agostino erano «il volto, le guance, gli occhi, il colore del viso, il tono della voce»[74].

Certamente Ponticiano non immaginava di provocare una simile tempesta. Agostino si ritirò in un piccolo giardino che era a sua disposizione, come lo era tutta quanta la casa nella quale in quel giorno si trovavano, non essendo abitata dal padrone che li ospitava[75]. Quello non fu certo un giorno qualunque. Maturò infatti in Agostino la decisione di servire Dio. Da tempo egli se lo era proposto, ma lo aveva sempre rimandato. Era trattenuto da catene che oramai erano un filo sottile e che, tuttavia, invece che spezzarsi definiti-

[70] *Conf.*, VIII, 7.16.
[71] *Conf.*, VIII, 7.18.
[72] *Conf.*, VIII, 8.19.
[73] *Conf.*, VIII, 8.19.
[74] *Conf.*, VIII, 8.19.
[75] Cfr. *Conf.*, VIII, 8.19.

vamente, avrebbero potuto riprendere consistenza e tenerlo legato più stretto di prima. « Quando infine, dopo un'approfondita meditazione, ebbi la forza di far emergere dal fondo segreto di me stesso e di radunare davanti agli occhi del mio cuore tutta la mia miseria, l'anima mia fu scossa da una grande tempesta che provocò un'abbondante pioggia di lacrime. E per potermi completamente abbandonare al pianto e ai singhiozzi, mi alzai e mi allontanai da Alipio [...] e me ne andai in un luogo più appartato [...]. Straripararono allora i fiumi dei miei occhi, sacrificio a te gradito, e il mio cuore si confidò a lungo con te »[76].

« Prendi e leggi, prendi e leggi »

« Mentre dicevo queste cose e piangevo, a un tratto mi parve di udire da una casa vicina una voce – di bambino o di bambina, non saprei dire – che cantava ripetendo più volte: prendi, leggi, prendi, leggi [...]. Trattenendo le lacrime, mi alzai, convinto che l'unico ordine che mi era stato impartito dal cielo era di aprire il libro e di leggere il primo capitolo che mi fosse capitato davanti. Mi era stato detto, in realtà, che proprio da una lettura del Vangelo alla quale aveva assistito per caso, Antonio si era sentito personalmente investire dall'esortazione di queste parole: va', vendi tutto quello che hai, dallo ai poveri e avrai un tesoro nei cieli, poi vieni e seguimi. Parole che eb-

[76] *Conf.*, VIII, 12.28.

bero subito l'effetto di convertirlo a te. Corsi allora verso il luogo dove era seduto Alipio perché là avevo lasciato il libro dell'apostolo. Lo presi in mano, lo aprii e, in silenzio, lessi il primo brano che mi cadde sotto gli occhi: "Non state nelle gozzoviglie, nelle orge, non nelle lussurie e nelle impudicizie, non nei litigi e nelle gelosie, ma rivestitevi del Signore Gesù Cristo". Non volli leggere altro, né altro era necessario. Perché, dopo aver letto queste ultime parole, tutte le tenebre del dubbio scomparvero, come se il mio cuore fosse stato inondato da una luce di certezza»[77].

2. Una realtà ignota e stupefacente

Un angelo di Dio

Agostino non poteva saperlo. E tuttavia, in quel giorno Ponticiano era un angelo inviato da Dio per fargli un annuncio. Nemmeno Ponticiano sapeva di essere un tale angelo. Ma così è. Ad Agostino, immerso nel travaglio della conversione, in modo del tutto inconsapevole quel giovane svela la sua vocazione futura. Diventerà cristiano. E non è tutto: la forma futura della sua esperienza cristiana sarà quella della consacrazione totale a Dio nella vita monastica. Una prospettiva che, in

[77] *Conf.*, VIII, 12.29. Newman, in un momento cruciale della sua vita e del suo cammino verso la Chiesa cattolica, troverà in Agostino un riferimento decisivo. Citerà esplicitamente il *tolle, lege, tolle, lege* de *Le Confessioni* (cfr. J.H. Newman, *Apologia pro vita sua*, cap. III, Milano 2001, p. 257).

quel momento, era del tutto estranea al suo orizzonte mentale e al suo comportamento morale.

Ma quando mai noi sappiamo se una circostanza è importante o secondaria, decisiva o inutile? E quando, già preventivamente, possiamo prendere alla leggera circostanze e incontri come se fossero sicuramente secondari, se non del tutto inutili? La nostra stessa esperienza personale non ci dice forse che un incontro normale (o casuale) può diventare il luogo inedito di una grande scoperta? Le « occasioni di Dio » le conosce Dio. Noi le possiamo riconoscere più tardi (e nemmeno questo sempre avviene). Quello che a noi tocca è solo di « stare all'erta », come la sentinella, per non perdere nessuna opportunità. Soprattutto per i ragazzi, gli adolescenti e i giovani (e i loro educatori) è fondamentale coltivare un atteggiamento di questo genere. La giovinezza è infatti un'età della vita nella quale, più che in altre, giunge inaspettatamente il giorno nel quale si può decidere per intero il futuro.

Una questione tutt'altro che banale: il senso della vita

C'è un aspetto, nel dialogo di Ponticiano con Agostino, che merita particolare riflessione. Una lettura distratta e affrettata de *Le Confessioni* ci potrebbe indurre a una banalizzazione della storia raccontata e quasi a sorriderne, se non addirittura ad avere compassione di coloro che ne sono stati i protagonisti. Ma il ricordo che Agostino ne fa riemergere ha ben altro spessore. Coloro dei quali Ponticiano parlava erano dei giovani che si ponevano la domanda sul senso della vita e su ciò che veramente vale per la vita dell'uomo. Se la ponevano anche se, guardando alla loro condizione sociale, potevano ritenersi molto fortunati rispetto ad altre persone. Avevano infatti un posto sicuro di lavoro e un'invidiabile responsabilità negli uffici della corte imperiale. Ma essi capivano che, quand'anche avessero potuto avere tutto, il problema del senso della vita rimaneva scoperto e le esigenze profonde del cuore dovevano ancora attendere. Tale grande sensibilità esistenziale ha reso interessante per loro l'incontro con alcuni giovani dedicati totalmente a Dio.

Questa sensibilità abitava da anni anche Agostino[78], e in una misura che Ponticiano forse non poteva sospettare. Così come non poteva prevedere la deflagrazione che il suo racconto avrebbe provocato. In quegli anni Agostino era impegnato in una ricerca difficile, chiedendosi se mai ci fosse una via che porta alla verità sulla vita dell'uomo. Era anche coinvolto in un travaglio morale dal quale non immaginava di poter uscire, e dal quale nemmeno voleva uscire, rimandando sempre e per diverse ragioni una decisione: era il travaglio correlativo al dominio delle passioni che imperversavano con potenza dentro di lui. Nulla perciò lo poteva colpire e

[78] A questo riguardo è stato per lui molto importante l'incontro fatto, già attorno ai diciannove anni, con l'*Ortensio* di Cicerone: «Nel mio cuore divampò un'incredibile passione per la sapienza» (*Conf.*, III, 4.8).

affascinare, più di chi era arrivato a prendere coraggiosamente posizione, mettendo in gioco fino in fondo, a causa di Dio, la propria vita. Perciò l'incontro con Ponticiano, probabilmente non ultimo come importanza tra quelli ricordati fin qui, ha agito come un catalizzatore provocando una nuova sintesi nella vita di Agostino.

Una sintesi che lo condurrà a essere, a suo modo, un monaco; e a esserlo anche quando verrà consacrato prete e vescovo. L'esperienza monastica che « nei secoli prenderà varie forme a seconda dei fondatori e delle condizioni storiche, esprime una saggezza nel mondo prima che una trasformazione del mondo, pur avendo cura di esso. Si situa sul piano delle finalità, non sul piano dei mezzi, della sapienza offerta al mondo, non della competitività con il mondo »[79].

In tale direzione anche oggi deve sporgersi, e con forza, la vita consacrata per chiamare in causa i giovani. Essi devono vedere uomini e donne che, a causa di Dio, sono pronti a lasciare tutto, certi di trovare in lui il tesoro che non sta altrove. In questo senso, ciò che può parere del tutto contro corrente è anche il dato più affascinante. Al contrario, la caduta di tensione a questo livello segreto e profondo, infiacchirebbe inesorabilmente tutto il resto e lo renderebbe prevedibilmente grigio, vecchio, poco meritevole di attenzione. Perciò la vita monastica può essere considerata un significativo riferimento per tutte le forme di vita consacrata, e

[79] A. Caprioli, *La conversione*, pp. 81-84.

anzi per tutti i cristiani. E lo è semplicemente perché ricorda agli Ordini e alle Congregazioni religiose che « tutta l'antica tradizione ha visto nel monaco nient'altro che un cristiano che cerca di vivere in pienezza la vocazione cristiana »[80].

Le cosiddette forme di vita religiosa *attiva* sono diverse da quella contemplativa solo secondariamente. E il segreto per vivere bene l'esperienza « attiva » è di intenderla come espressione molteplice di quell'unica intuizione di fondo.

Pensando ai giovani di oggi

Peraltro, il giovane Agostino, problematico com'era, ci sospinge a non aver paura del fatto che i giovani si pongano domande di fondo sull'esistenza. Dovremmo anzi dire: « Meno male che se le pongono! ». Sono infatti proprio le domande che, come ho già rimarcato nel capitolo dedicato a Simpliciano, vanno suscitate e tenute vive. È forse il caso di riaffermare che il guaio vero per i giovani sarebbe quello di una vita ridotta all'effimero, a una costante ricaduta dal nulla nel nulla, di un presente che non ha vero futuro, di un'esistenza nella quale non abita la ricerca appassionata della verità e della bellezza.

Agostino incoraggia anche a non dare per perduti gli adolescenti e i giovani quando sembrano letteralmente travolti dalle passioni, e vogliono (più o meno consapevolmente) esserne travolti e non

[80] *Ibidem.*

venirne liberati. È proprio questa l'esperienza che Agostino ha vissuto per tanti anni[81]. Per grazia di Dio è giunto al giorno della liberazione. E ciò non ha voluto dire cancellazione delle passioni, ma una loro valorizzazione. Ciò ha potuto avvenire non lasciando le passioni in un mondo a sé stante, ma collocandole in un orizzonte di amore, di verità e libertà. A questa meta possono giungere anche i giovani di oggi riscoprendo con profondità antropologica la realtà dei sentimenti, degli affetti, della corporeità, della sessualità, e detestando come tradimento di se stessi ogni appiattimento sulla pura istintualità, sul piacere per il piacere, su un amore puramente possessivo. C'è qualcosa di molto più bello e grande che essi possono sperimentare. A questa ricchezza di umanità può condurre una virtù morale oggi dimenticata e addirittura derisa. Di essa ha parlato recentemente Giovanni Paolo II in occasione del centenario della morte di Maria Goretti: «Oggi si esaltano spesso il piacere, l'egoismo o addirittura l'immoralità, in nome dei falsi ideali di libertà e di felicità. Bisogna riaffermare con chiarezza che la purezza del cuore e del corpo va difesa perché la castità "custodisce" l'amore autentico»[82].

Altri tempi?

Qualcuno potrebbe obiettare: «Altri tempi!». Ma è proprio vero che il IV secolo era del tutto di-

[81] Cfr. *Conf.*, II, 10.18.

[82] Giovanni Paolo II, *Angelus*, in *L'Osservatore Romano*, 7-8 luglio 2003, p. 5.

verso dal nostro? Anche ad Agostino pareva, allora, che quanto veniva raccontato appartenesse a «un altro mondo». Tuttavia, se Dio ha saputo suscitare allora l'esperienza straordinaria della vita consacrata, non sarà capace di farla fiorire anche oggi? Se allora dei giovani e delle ragazze hanno abbracciato la scelta della vita consacrata, perché mai una simile «scandalosa» avventura non potrebbe ripetersi in questa nostra società e cultura, apertamente pagana? Perché non presentare anche noi, almeno qualche volta, la testimonianza di coloro che oggi intraprendono quella strada così «strana»? Perché non assumerci il compito di svolgere la parte di Ponticiano nell'incontro con i ragazzi, gli adolescenti e i giovani? Chi mai può sapere se ad ascoltarci non vi sia qualche «Agostino» che, proprio attraverso antichi e nuovi testimoni, può trovare la chiave di lettura più appropriata per decidere sul proprio futuro?

E i laici?

In tutto il suo racconto Ponticiano non parla di se stesso. Il suo compito provvidenziale, in quel momento, era un altro. Né Agostino dà spazio a un ragionamento sull'esperienza che, come uomo di corte, impegnato nell'amministrazione dello Stato, Ponticiano stava compiendo. Possiamo dispiacerci di questa lacuna. Sarebbe stato certamente interessante per noi sapere come un cristiano affrontava la responsabilità personale all'interno di una «macchina» che molto probabilmente obbediva a criteri lontani dalla logica del Vangelo (anche se il diritto romano era da considerare una grande conquista in ordine alla regolazione della giustizia).

Emerge però, nelle pagine de *Le Confessioni*, una piccola osservazione preziosa. Ponticiano viveva da cristiano proprio dentro quel contesto, non nascondeva la sua appartenenza alla Chiesa e sosteneva il suo compito di testimone con una seria esperienza di preghiera: non temeva infatti di prostrarsi davanti a Dio. E così, sia pure con molta discrezione, *Le Confessioni* di Agostino offrono ai fedeli laici di oggi l'esempio di un cristiano del IV secolo che, in una società ancora largamente pagana, viveva la vita pubblica come discepolo di Cristo.

CAPITOLO QUINTO
IL VOLTO DI UNA CHIESA

«Lieti beviamo la sobria ebbrezza dello Spirito»

Questo capitolo è dedicato alla Chiesa. Ma di questa realtà ho già parlato fin qui, a cominciare dalle prime pagine di questo racconto. Agostino ha fatto due esperienze. Anzitutto ha «visto» la Chiesa e ha conosciuto i tratti fondamentali del suo volto. A visibilizzarla sono stati, in modo singolare, tutti i personaggi che ho evocato nei capitoli precedenti di questa Lettera[83]. Ma lo è stata anche la comunità cristiana stessa di Milano[84]. È poi «entrato» nella Chiesa. Ciò è avvenuto con la professione di fede e la celebrazione del sacramento del battesimo.

1. LA CHIESA CHE AGOSTINO HA INCONTRATO

Un popolo

Anzitutto, nella comunità cristiana di Milano, per merito soprattutto di Ambrogio, ha potuto in-

[83] Cfr. F.G. Brambilla, *Le dimensioni fondamentali della trasmissione della fede*, in *Fare risplendere il volto di Cristo. Giovani e adulti. Giovani Chiesa e società*, Novara 2002 (Diocesi di Novara - Cammino pastorale 2002-2004, fasc. 3), pp. 9-23.

[84] Cfr. R. Corti, *Come edificare la Chiesa di Cristo (il racconto e la lezione di sant'Ambrogio)*, in *Rivista Diocesana Novarese*, 82 (1997), 4, pp. 259-272.

contrare un popolo cristiano[85]: « Vedevo la Chiesa popolata di fedeli, ma chi ci andava in un modo, chi in un altro »[86]. Non si trattava né di un club, né di una élite. Tanto meno di una setta. Ne facevano parte persone di ogni ceto sociale, dai semplici ai dotti, dalla gente umile a coloro che portavano responsabilità professionali, amministrative e politiche.

Gesù Cristo al centro

È stato agevole per Agostino capire che cosa stava al centro di quella comunità. Quel popolo si ritrovava, insieme con il vescovo, attorno al Signore Gesù Cristo. Ambrogio diceva: « Tutto abbiamo in Cristo e tutto è Cristo per noi. Se vuoi curare una ferita, egli è medico; se sei riarso dalla febbre, è fontana; se sei oppresso dall'iniquità, è giustizia; se hai bisogno di aiuto, è forza; se temi la morte, è vita; se desideri il cielo, è via; se fuggi le tenebre, è luce; se cerchi il cibo, è alimento »[87].

Non gli è stato difficile nemmeno capire che cosa costituiva l'ispirazione del cammino di quella comunità. Bastava star vicino ad Ambrogio per capirlo. Egli meditava le Sacre Scritture e le pre-

[85] Cfr. G. Biffi, *Conversione di Agostino e vita di una Chiesa*, in *Agostino e la conversione cristiana*, Palermo 1987, pp. 23-34.

[86] *Conf.*, VIII, 1.2.

[87] Sant'Ambrogio, *La verginità*, 16.99; cfr. Id., *Verginità e vedovanza /2*, a cura di F. Gori, Milano-Roma 1989 (Sancti Ambrosii Episcopi Mediolanensis Opera, 14/2), pp. 78-81.

dicava in maniera costante e abbondante: «È necessario triturare e rendere farinose le parole delle Scritture celesti, impegnandoci con tutto l'animo e con tutto il cuore, affinché la linfa del cibo spirituale si diffonda in tutte le vene dell'anima»[88]. «Proprio la predicazione domenicale, di settimana in settimana, a poco a poco creava nei fedeli quella conoscenza e cultura biblica e cristiana che rendeva familiari e comprensibili le allusioni e le connessioni che innervavano il discorso»[89].

L'ebbrezza dello Spirito

Ma verso dove camminava questo popolo? Camminava verso *la sobria ebbrezza dello Spirito*. Ambrogio stesso così lo incoraggiava: «Cristo sia nostro cibo / nostra bevanda sia la fede / lieti beviamo la sobria / ebbrezza dello Spirito»[90]. Agostino ascoltava commosso questo popolo che cantava[91]. Lo ammirava soprattutto perché lo faceva anche nei giorni difficili, vegliando per esempio di notte per difendere le proprie chiese: «Giustina,

[88] Sant'Ambrogio, *Caino e Abele*, II, 6,22; cfr. Id., *Il paradiso terrestre. Caino e Abele. Noè*, a cura di P. Siniscalco, Milano-Roma 1989 (Sancti Ambrosii Episcopi Mediolanensis Opera, 2/1), pp. 282-283.

[89] C. Pasini, *Ambrogio di Milano. Azione e pensiero di un Vescovo*, Cinisello Balsamo (Milano) 1996 (Grandi biografie, 6), p. 192.

[90] Sant'Ambrogio, Inno *Splendor paternae gloriae*; cfr. Id., *Inni, Iscrizioni, Frammenti*, a cura di G. Banterle, G. Biffi, I. Biffi, L. Migliavacca, Milano-Roma 1989 (Sancti Ambrosii Episcopi Mediolanensis Opera, 22), pp. 34-37.

[91] Cfr. *Conf.*, IX, 7.15.

madre del giovane imperatore Valentiniano, aveva cominciato a perseguitare il tuo servo Ambrogio, spinta dall'eresia in cui l'avevano trascinata gli ariani. Il tuo popolo devoto passava le notti in chiesa a vegliare, pronti a morire con il suo vescovo, tuo servo »[92]. Il canto, soprattutto in quelle ore, alimentava nel popolo la consapevolezza della propria dignità e della sua spirituale ricchezza[93]. L'ebbrezza dello Spirito diventava clima di gioia e di coraggio nella comunità. Diventava anche, come ho già scritto, esperienza di uomini e donne che si consacravano totalmente a Dio. Fu questo clima a fare della comunità cristiana di Milano un giardino affascinante per coloro che erano ancora incerti sulla fede. Ambrogio stesso ne doveva essere colpito e incoraggiato. Riferendosi alle celebrazioni liturgiche, scriveva: « Il popolo entra in folla: dapprima ne riversa le ondate da tutti gli ingressi, poi, mentre i fedeli pregano in coro, scroscia come per il rifluire dei flutti, allorché il canto di uomini, di donne, di fanciulli, a guisa di risonante fragore di onda, fa eco nei responsori dei salmi »[94].

L'esempio trascinante dei martiri

Non solo il canto contribuiva a dare fascino e bellezza alla Chiesa di Ambrogio. Erano ancor

[92] *Conf.*, IX, 7.15.

[93] G. Biffi, *Conversione di Agostino e vita di una Chiesa*, p. 30.

[94] Sant'Ambrogio, *I sei giorni della creazione*, III, 5, 23; cfr. ed. a cura di G. Banterle, Milano-Roma 1979 (Sancti Ambrosii Episcopi Mediolanensis Opera, 1), pp. 134-135.

più i martiri. A essi il vescovo tributava il massimo onore e voleva che tutto il popolo leggesse la propria esperienza di fede mettendosi in paragone con coloro che, per amore di Cristo, avevano addirittura sacrificato la vita. Egli « intendeva proporre ai credenti modelli di una sequela di Cristo impavida e generosa; e non mancava di mettere in guardia i cristiani contro i pericoli dei tempi di pace quando ai persecutori violenti si sostituiscono quelli più subdoli che, "senza ricorrere alla minaccia della spada, stritolano spesso lo spirito dell'uomo, quelli che espugnano l'animo dei credenti più con le lusinghe che con le minacce"»[95].

Nel mondo da cristiani

Agostino vedeva la Chiesa di Milano attenta anche al confronto con la società e la cultura del tempo. Quella Chiesa si trovava dentro un mondo che aveva alle spalle una grande tradizione culturale. I ceti più ricchi e i dirigenti rimanevano molto attaccati alle tradizioni pagane, anche perché dovevano avvertire nell'intimo che la causa era ormai perduta di fronte all'avanzare del cristianesimo. Ma la Chiesa doveva fare i conti non soltanto con il paganesimo; a quei tempi erano vivi e pericolosi anche i culti misterici venuti a Roma da Oriente. Secondo Ambrogio, « la fedeltà a

[95] Giovanni Paolo II, Lett. Ap. *Operosam diem* (1 dicembre 1996, nel XVI centenario della morte di sant'Ambrogio), n. 10; cfr. Sant'Ambrogio, Expositio ps. CXVIII, XX, 46.

Roma, alla sua tradizione e alle sue consuetudini, non comportava una necessaria accettazione della sua religione. Anzi, questa non era autentica tradizione romana, tanto che i romani l'avevano condivisa con altri popoli, estranei a quella tradizione e a quei valori»[96].

Ambrogio stesso sosteneva un lavoro culturale. Era un uomo «dotto che leggeva, forte della sua formazione letteraria, i Padri greci, i filosofi neoplatonici, gli antichi scrittori pagani, mostrando nei suoi discorsi e negli scritti che tra fede e filosofia, fede e cultura non c'era contrasto, ma collaborazione»[97]. E poi la Chiesa di Milano era ricca di personalità singolarmente dotate per svolgere un compito culturale. Tra queste sicuramente Simpliciano. Con lui vi era a Milano un circolo di studiosi cristiani rispettati e stimati: Manlio Teodoro, Zenobio, Ermogeniano. La sensibilità culturale, insieme con la santità della Chiesa di Milano, ha dato un frutto estremamente prezioso per tutta la storia della Chiesa proprio in Agostino.

Oltre al tema della cultura, Ambrogio coltivava nella Chiesa di Milano la sensibilità nei confronti del cammino della società, e soprattutto in favore della giustizia sociale: una questione molto grave in un tempo di decadenza e disfacimento dell'impero. Il vescovo scriverà in quegli anni «diverse opere su questa tematica, per esempio

[96] C. Pasini, *Ambrogio di Milano*, p. 199.

[97] Cfr. A. Trapè, *La Chiesa milanese e la conversione di sant'Agostino*, in *Ricerche storiche sulla Chiesa ambrosiana*, IV, Milano 1974 (Archivio ambrosiano, XXVII), pp. 5-24.

Elia e il digiuno, e altri due trattatelli intitolati *Naboth* e *Tobia*. In quelle pagine emerge l'intento di mettere a nudo il degrado della società, con le ingiustizie e sperequazioni che la contraddistinguono, e insieme l'impegno a proporre un forte insegnamento morale a quanti volevano reagire a tale situazione »[98].

Verso il battesimo

Quanto detto fin qui non è tutto. A proposito della Chiesa la questione centrale è che, un bel giorno, Agostino matura la decisione di entrarvi. Lo fa con l'atto di fede, dopo lunghissimo travaglio interiore, e lo fa chiedendo il battesimo, vero punto di sintesi di tutto il tempo precedente e inizio di una vita nuova.

Agostino non ne parla a lungo. Anzi verrebbe da dire che ne parla troppo poco. In effetti ne tratta con molta sobrietà. Quando ne scrive sono passati già diversi anni da quel giorno e il racconto si semplifica e si interiorizza, lasciando comunque in evidenza « la portata incommensurabile del gesto che si è compiuto attraverso l'atto di riconciliazione e generazione di quel battesimo »[99].

Ecco come ne parla: « Giunto il momento in cui dovevo dare il mio nome per il battesimo, lasciammo la campagna per far ritorno a Milano. Anche Alipio decise di rinascere in te con me [...].

[98] C. Pasini, *Ambrogio di Milano*, pp. 162-163.
[99] G. Vigini, *Agostino di Ippona*, p. 75.

Prendemmo con noi anche il giovane Adeodato [...]. Poi fummo battezzati e da noi scomparve ogni ansia della vita passata. Non mi saziavo mai in quei giorni dell'infinita dolcezza con cui il pensiero guardava alla profondità del tuo disegno sulla salvezza del genere umano. Quanto ho pianto nell'ascoltare gli inni e i canti, profondamente commosso dalle voci soavi della tua Chiesa! Quelle voci scorrevano nelle mie orecchie, mentre la verità si scioglieva nel cuore; ero acceso da sentimenti di pietà, mentre le lacrime mi scendevano abbondanti e più che mai salutari »[100].

Catecumeno

A quel momento centrale della sua vita Agostino è arrivato dedicando il tempo di quaresima dell'anno 387 a una lunga e seria preparazione. Come ogni catecumeno adulto, anch'egli doveva « iscriversi » al battesimo, dando il proprio nome. Era un modo per affermare la decisione di prendersi la responsabilità nei confronti del dono di grazia che avrebbe ricevuto.

Il vescovo Ambrogio guidava personalmente quel periodo di catecumenato. Ci teneva molto. Era per lui un momento fondamentale di tutto l'anno liturgico. Proponeva istruzioni catechetiche, chiedeva una pratica religiosa, invitava a esercitare le virtù cristiane. Attingeva ispirazione per le sue omelie soprattutto dalle grandi figure

[100] *Conf.*, IX, 6.14.

dell'Antico Testamento, le cui virtù erano per questi futuri cristiani degli esempi preziosi. Si compivano, in quelle settimane, dei riti di propiziazione. Veniva insistentemente chiesta la preghiera personale e comunitaria. Si esigeva un comportamento morale caratterizzato da sobrietà e continenza.

Momento particolarmente significativo della quaresima era la *traditio symboli*. Il vescovo consegnava il «simbolo degli Apostoli» e ne offriva una breve spiegazione. I catecumeni dovevano impararlo a memoria. Era fatto divieto di scriverlo e di rivelarlo ai non iniziati[101].

Cristiano

Nella veglia pasquale del sabato santo si compiva poi il rito sacramentale, ricco di gesti simbolici dal principio alla fine. Un primo gesto era quello con il quale «il vescovo toccava al battezzando le orecchie e le narici, pronunciando la parola *effatà*, cioè *apriti* (Mc 7,34): a significare che l'incontro con Gesù nel battesimo operava nell'uomo il prodigio di renderlo capace di udire i misteri e di sentire il profumo di Cristo»[102].

Un secondo gesto era quello dell'unzione del catecumeno. «Stava a ricordare le dure lotte che avrebbe dovuto affrontare per vivere secondo la fede cristiana. In questa linea andavano anche

[101] Cfr. G. Vigini, *Agostino di Ippona*, p. 73.
[102] *Ibidem*.

poi le rinunce a Satana e alle sue opere, al mondo e alle sue seduzioni, con il battezzando rivolto prima a Occidente, sede del demonio, poi a Oriente, sede di Cristo »[103].

Un terzo gesto era quello che vedeva il catecumeno immergersi nel fonte battesimale[104]. Mentre era lì dentro, faceva la professione di fede, rispondendo *Credo* alle tre domande del vescovo (« Credi in Dio Padre Onnipotente? Credi nel Signore nostro Gesù Cristo e alla sua croce? Credi allo Spirito Santo? »), e veniva immerso nella vasca per tre volte[105].

Un quarto gesto: i neofiti « ricevevano l'unzione crismale, come segno di partecipazione al corpo di Cristo per la vita eterna; veniva poi loro consegnata una veste bianca, simbolo della remissione dei peccati, della riconquistata innocenza da portare senza macchia nella vita di ogni giorno. Veniva amministrato anche il Sacramento della cresima, dopo di che i neofiti rientravano dal battistero nella Chiesa dirigendosi verso l'altare, ove per la prima volta potevano partecipare alla celebrazione della Messa e accostarsi alla mensa eucaristica »[106].

[103] *Ibidem.*

[104] Il luogo in cui avvenne il battesimo di sant'Agostino è la basilica paleocristiana di S. Tecla (prima metà del sec. IV). A fianco dell'abside sant'Ambrogio aveva fatto edificare il Battistero di S. Giovanni alle Fonti, primo battistero ottagonale della cristianità, dal quale deriveranno, fino a tutto il medioevo, numerosi altri edifici analoghi per forma e destinazione (cfr. G. Vigini, *Agostino di Ippona*, p. 74, nota 6).

[105] *Ibidem.*

[106] *Ibidem.*

2. Quale volto mostra la nostra Chiesa?

Cristo nella Chiesa del IV secolo e in quella del XXI secolo

Che cosa vedrebbe Agostino se dovesse esprimersi sull'andamento della nostra Chiesa gaudenziana, oggi? La Chiesa che egli ha potuto osservare a Milano, decidendo alla fine di diventarne membro con il battesimo, non era sicuramente senza problemi. Anzi, ne doveva affrontare di molto grandi. È opportuno dirlo perché non sembri che le pagine precedenti vogliano semplicemente essere un facile elogio.

Sembrerebbe del tutto ovvio, per esempio, che la Chiesa di Ambrogio mettesse al centro della sua vita il Signore Gesù Cristo. Ma non era così. In quella stagione ecclesiale, come ho già ricordato, circolava un'eresia molto influente. Si chiamava arianesimo. In sostanza non si riconosceva in Gesù il Verbo di Dio fatto uomo. Poiché all'arianesimo aveva aderito lo stesso predecessore di Ambrogio, è facile immaginare quale fosse la confusione nel clero e nel popolo, e quanto delicata fosse l'opera educativa del nuovo vescovo.

Il dramma spirituale affrontato da Ambrogio nel IV secolo per difendere verità fondamentali, cadute le quali non rimarrebbe sostanzialmente più nulla del mistero cristiano, è in scena anche nel XXI secolo, sia perché Ario è sempre di attualità, sia per la condizione storico-culturale che ci vede sempre più immersi in un mondo multi-religioso. Perciò, mentre di fronte ad Agostino e Ambrogio sento chiamata in causa tutta la nostra Chiesa gaudenziana, vorrei dare spazio in queste pagine a un solo e fondamentale punto del volto della nostra Chiesa: la sua fede nel Signore Gesù Cristo[107].

La domanda che attraversa tutto il Vangelo

Lo potrei esprimere con alcune domande: nelle nostre comunità cristiane ci si interroga veramente su Gesù Cristo? Quando lo si fa? Chi sollecita a farlo e chi accompagna nell'approfondimento della risposta? Teniamo viva la domanda su Gesù, su chi egli sia, sulla « pretesa » che egli ha espresso e che Dio ha confermato con segni e prodigi, fino al grande segno della risurrezione? Quanto le nostre omelie privilegiano la dimensione cristologica delle pagine evangeliche (e addirittura di tutta la Bibbia)? Quanto la catechesi è svelamento della persona di Gesù e del suo mistero? Quanto la *lectio divina*, attraverso ogni singola pagina e andando oltre ogni singola pagina, è contemplazione del volto di Cristo? Quanto i vari momenti della vita ecclesiale manifestano la premura di mettere in contatto con il Signore Gesù Cristo? Quanto, in particolare, il lavoro educativo svolto in favore dei ragazzi, degli adolescenti e dei giovani, trova nella proposta di un incontro con Cristo il suo punto focale e la questione che, in vari modi, viene costan-

[107] Cfr. S. Pagani, *L'esperienza progressiva di un giovane credente*, in *Trasmettere ragioni di vita e di speranza*, Novara 2003 (Diocesi di Novara - Cammino pastorale 2002-2004, fasc. 4), pp. 9-25.

temente affrontata? Non rischia talvolta di rimanere troppo sullo sfondo (se non addirittura emarginata) privilegiando altri temi, pur giusti e utili, ma non decisivi in rapporto alla domanda di senso della vita umana e del destino dell'uomo?

Su questi interrogativi mi sono sentito sollecitato anche durante un recente pellegrinaggio in Terra Santa. Passando da Nazaret, a Cafarnao, al Tabor, al Giordano, a Gerusalemme e a Betlemme, riascoltando *in loco* le affermazioni che Gesù faceva a proposito di se stesso, svelando in tal modo la coscienza di sé, e trovandomi nei luoghi nei quali egli ha compiuto dei «segni» (come li chiama l'evangelista Giovanni) che costituivano per i discepoli una conferma delle sue parole, era proprio il mistero nascosto nella persona di Gesù quello che mi si manifestava. I quattro Vangeli sono diversi l'uno dall'altro. Ma c'è un denominatore comune: parlano di Gesù, e soltanto di lui. Di più: i luoghi sui quali Gesù ha vissuto, le parole dette in quei luoghi, i segni compiuti, gli incontri fatti con tante persone mostrano che la vicenda di Gesù è risultata sconvolgente fin dall'inizio. Al punto che da subito, mentre alcuni lo seguivano, altri (i più) duramente lo contestavano. Gesù non era uno scriba come tanti altri. Con lui irrompeva una novità inaudita. Faceva affermazioni esplosive. Ma poi compiva dei gesti che conducevano a dire che era veritiero e meritava ascolto.

Si comprende perciò come mai, prima dell'ascensione al cielo, Gesù abbia detto: «Avrete la forza dallo Spirito Santo e sarete testimoni di me» (At 1,8). Non ha detto quel giorno (come peraltro risulta invece in qualche altro passo) di essere testimoni di questo o quest'altro aspetto particolare della sua vicenda. Ha centrato l'affermazione sulla sua persona. E quando gli Apostoli hanno cercato il sostituto di Giuda e lo trovarono in Mattia, il criterio fondamentale della scelta fu che egli avesse seguito la vicenda di Gesù dall'inizio alla fine, e cioè avesse scoperto chi egli veramente fosse (cfr. At 1,21-26). In caso diverso come avrebbe potuto dire di essere un «testimone» autorevole e credibile di fronte a coloro ai quali avrebbe in futuro parlato di Gesù?

A servizio della fede

Si intravede così qual è il servizio fondamentale a cui la Chiesa è chiamata. Essa deve farsi carico di sostenere la fede dei credenti, a cominciare dai più semplici e fragili; deve domandarsi come mettersi a servizio della fede per quelle persone nelle quali essa, purtroppo, si è affievolita; deve anche cercare di intravedere nuove strade per annunciare il grande dono della fede ai non credenti e ai non cristiani.

Agostino potrebbe dirci: sono arrivato alla fede e al battesimo perché, all'interno di concretissime relazioni interpersonali, ho incontrato dei cristiani che hanno reso visibile e udibile la loro fede in Gesù Cristo e, in vario modo, mi hanno comunicato questa loro scoperta fondamentale.

Lo dico di una figura assolutamente «feriale», come quella di mia madre; lo dico anche a proposito di un semplice laico cristiano, come Ponticiano. Lo dico anche di Ambrogio e di Simpliciano. Mentre svolgevano un ruolo rilevante nella Chiesa, essi sono stati per me dei validi interpreti della fede cristiana. Lo dico pure della comunità cristiana che ho incontrato a Milano: non era affatto una semplice organizzazione religiosa; era piuttosto un popolo di credenti capaci di far emergere per me, in una città ancora largamente formata da pagani, il nome di Cristo e la bellezza di diventare suoi discepoli.

«Vogliamo vedere Gesù»

La scelta pastorale che va coraggiosamente compiuta o confermata nella nostra Chiesa, e in ciascuna delle nostre parrocchie, consiste precisamente in questo: che la comunicazione della fede costituisca con chiarezza l'impegno primario attorno al quale tutto il resto ruota e da cui tutto dipende.

Se ci dedicheremo a questo compito, obbediremo al comando di Gesù: «Andate in tutto il mondo e annunciate il Vangelo a ogni creatura» (Mc 16,15). Facendolo, diventeremo un aiuto per coloro che, come già avvenne per Agostino, hanno bisogno di incontrare una realtà umana e concreta che permetta di vedere, udire e incontrare Gesù. Proprio come avevano chiesto alcuni Greci che, saliti a Gerusalemme, si erano rivolti a Filippo dicendogli: «Vogliamo vedere Gesù» (Gv 12,21). Nella *Novo millennio ineunte* Giovanni Paolo II commenta: «Come quei pellegrini di duemila anni fa, gli uomini del nostro tempo, magari non sempre consapevolmente, chiedono ai credenti di oggi non solo di *parlare* di Cristo, ma in un certo senso di farlo loro *vedere*. E non è forse compito della Chiesa riflettere la luce di Cristo in ogni epoca della storia, farne risplendere il volto anche davanti alle generazioni del nuovo millennio?»[108].

[108] Giovanni Paolo II, Lett. Ap. *Novo millennio ineunte*, n. 16.

Capitolo sesto

Il primato della grazia

«Tardi ti ho amato»

1. Quando nella vita tutto cambia

Tutta la storia di Agostino è stata grazia di Dio che l'ha accompagnato da sempre, spesso non percepita, a volte rifiutata, infine bramata e accolta.

Dopo aver ricevuto il battesimo, rilegge il suo cammino di conversione e si rivolge al Signore dicendo: «Hai trafitto il mio cuore con la tua parola e io ti ho amato. Ma anche il cielo e la terra e tutto ciò che contengono mi dicono ovunque di amarti, e non smettono di dirlo a ogni uomo»[109]. La parola dalla quale Agostino è stato trafitto consiste soprattutto nell'amore che Dio gli ha svelato in Cristo, parola fatta carne: «Quanto ci hai amati, Padre buono, che non hai risparmiato il tuo figlio unigenito, ma lo hai consegnato a noi peccatori». Egli «ha fatto di noi, davanti a te, non più dei servi ma dei figli, nascendo da te e servendo noi. A ragione spero fermamente in lui, che tu guarirai tutte le mie debolezze, per mezzo di lui che siede alla tua destra e intercede per noi presso di te. Altrimenti dovrei disperare. Molte e grandi, infatti, sono le mie debolezze, davvero

[109] *Conf.*, X, 6.8.

molte e grandi, ma più grande ancora è la tua medicina»[110].

In Cristo Agostino riconosce il vero mediatore, capace di riconciliare l'uomo con Dio. «Molte persone che si sforzavano di tornare a te, e non potevano farlo da sole [...], hanno ceduto al fascino di strane visioni, ricevendo giustamente in ricompensa delle illusioni [...]. Cercavano un mediatore che li purificasse, e che non era quello vero»[111]. Quanto al vero mediatore, Agostino afferma che Dio, nella sua segreta misericordia lo ha rivelato agli umili nell'uomo Cristo Gesù. Egli è apparso tra i peccatori per vincere la morte che aveva condiviso con loro e aprirli alla vita e alla pace, ricompensa donata a coloro che sono stati da Lui resi giusti[112].

Quando per Agostino avviene questa scoperta di Cristo Salvatore, nella sua vita tutto cambia. È allora che, guardando al tempo passato, manifesta il suo profondo dispiacere di non aver percepito prima l'amore di Dio che avvolgeva la sua vita: «Tardi ti ho amato, bellezza così antica e così nuova, tardi ti ho amato! Mentre tu eri dentro di me, io ero fuori, e ti cercavo lì, in quel mondo di cose belle, create da te, verso le quali io, non bello, mi precipitavo. Tu eri con me, ma io non ero con te, e a tenermi lontano da te erano proprio quelle cose che neppure esisterebbero, se non

[110] *Conf.*, X, 43.69.
[111] *Conf.*, X, 42.67.
[112] Cfr. *Conf.*, X, 43.68.

esistessero in te. Hai chiamato, hai gridato e alla fine hai spezzato la mia sordità; hai brillato, abbagliato e alla fine hai sciolto la mia cecità; hai diffuso il tuo profumo, me ne sono inebriato e ora anelo a te; ti ho gustato e ora ho fame e sete di te; mi hai toccato e ora ardo dal desiderio della tua pace»[113].

Queste parole, come tutto lo scritto autobiografico intitolato *Le Confessioni*, hanno l'andamento di una preghiera ed esprimono l'aperto riconoscimento che, se ora vede, è perché Dio l'ha guarito dalla sua cecità; se ora sente, è perché Dio l'ha liberato dalla sua sordità. Egli è il frutto di un miracolo prefigurato in quelle pagine del Vangelo nelle quali si racconta la guarigione del cieco nato o del sordo-muto. Solo la grazia, che ha investito la sua vita giovanile, spiega come mai egli sia diventato cristiano; lo spiega solo l'amore gratuito e incondizionato di Dio e il fatto che egli ci venga incontro, prima ancora che noi lo crediamo o lo meritiamo, con la capacità di sanare le nostre ferite e di sorreggere le nostre fragilità.

È certamente anche per avere vissuto un'esperienza personale di questo genere che, più avanti, il suo insegnamento di teologo e di vescovo farà di lui, nella linea di quanto ha scritto l'apostolo Paolo nella *Lettera ai Romani*, l'annunciatore instancabile della grazia apparsa tra noi con l'incarnazione di Cristo nostro salvatore.

[113] *Conf.*, X, 27.38.

2. Il necessario orizzonte dell'educatore cristiano

Nessun educatore cristiano dovrebbe dimenticare « il primato della grazia »[114]: né i genitori cristiani, né gli insegnanti cristiani, né i catechisti o gli animatori dei nostri oratori e dei nostri gruppi giovanili. Dimenticare questo orizzonte sarebbe un errore fatale per noi e per i giovani ai quali ci rivolgiamo. Tenerlo presente e vivo costituisce la premessa fondamentale per tutto quello che toccherà a noi pensare, proporre, incoraggiare. Si tratta di avere una grande fede nella presenza operante di un Dio educatore del suo popolo. Data la complessità del compito e la durezza delle sfide attuali è ancora più necessario usufruire di questa risorsa che solo il credente conosce.

Ricordo quanto scrisse, anni fa, il card. Martini in una bellissima Lettera pastorale dedicata al compito educativo: « Mi sento la testa piena e confusa. Ho letto, ascoltato, trascritto testi e appunti di ogni genere sul tema dell'educazione. Ho il mal di capo e non so da che parte cominciare. Ma ecco un lampo: perché mi sta a cuore comunicare qualcosa su questo tema? Perché tu, o Signore, mi hai educato, tu mi hai condotto fin qui; tu hai messo in me la gioia di educatore. Sei tu, o mio Dio, il grande educatore, mio e di tutto questo popolo. Sei tu che ci conduci per mano. "Come un'aquila che veglia la sua nidiata, che vola sopra i suoi nati", tu o Signore, "ci sollevi sulle

[114] Giovanni Paolo II, Lett. Ap. *Novo millennio ineunte*, n. 38.

tue ali"; ci fai "montare sulle alture della terra, ci nutri con i prodotti della campagna"; ci fai "succhiare il miele dalla rupe e olio dai ciottoli della roccia" (Dt 32,1-13)»[115].

Agostino lascia trasparire questa costante presenza di Dio che chiama e accompagna in un discorso nel quale rilegge la parabola di coloro che sono invitati al lavoro nelle diverse ore del giorno: «Anche nella nostra vita terrena si può osservare la verità racchiusa nella parabola. In realtà sono chiamati, per così dire, alla prima ora coloro che diventano cristiani appena usciti dal seno della loro madre; verso le nove gli adolescenti, verso mezzogiorno i giovani, verso le quindici quelli che si avvicinano alla vecchiaia, all'ultima ora i vecchi decrepiti del tutto, ma tutti sono destinati a ricevere la medesima moneta della vita eterna»[116]. Dalla prima all'ultima ora della vita dell'uomo Dio è sempre presente.

Chi coltiva questo orizzonte vi trova un «messaggio di fiducia: Dio è in mezzo a noi, Dio ha educato ciascuno di noi e tutti noi. Dio continua a educare. Noi educatori siamo suoi alleati: l'opera educativa non è nostra, è sua. Noi impariamo da lui, lo seguiamo, gli facciamo fiducia ed egli ci guida e ci conduce»[117].

[115] C.M. Martini, *Dio educa il suo popolo*, Milano 1987, n. 1.

[116] Sant'Agostino, *Discorso* 87, 5.7; cfr. Sant'Agostino, *Discorsi* II/2, a cura di L. Carrozzi, Roma 1969 (Nuova Biblioteca Agostiniana. Opere di sant'Agostino, 30/2), pp. 30-33.

[117] C.M. Martini, *Dio educa il suo popolo*, n. 1.

Davvero « la presenza dell'educatore credente è un gesto di amore, radicato su un'esperienza più grande, che avvolge e fonda quello che viene posto nell'atto educativo. Anche quando l'educatore fa fatica a fidarsi dei suoi giovani, egli si esprime in un'accoglienza incondizionata "nel nome di Dio". E così egli va alla radice, verso un'esperienza di verità più grande di quella che riusciamo a possedere con i nostri strumenti di analisi »[118].

[118] R. Tonelli, *Un educatore cristiano per il nostro tempo*, in *Incontrare un vero educatore cristiano*, Novara 2003 (Diocesi di Novara - Cammino pastorale 2002-2004, fasc. 6), p. 15.

CAPITOLO SETTIMO

IL NOSTRO CAMMINO PASTORALE

Indicazioni pratiche per il prossimo anno

Sostenuti dalla testimonianza di Agostino potremo tenere in particolare evidenza, come obiettivo concreto, quello di arrivare a una assemblea pastorale che raccolga i frutti del lavoro di questo biennio e indichi pochi, ma qualificanti impegni da affrontare nel prossimo futuro per i giovani e con i giovani da parte della nostra Chiesa. Vorrei che fosse un'assemblea di giovani e di adulti. Sarebbe oltremodo significativo che tutte le parrocchie fossero rappresentate. Ci dovremo arrivare ben preparati. Proprio in questo lavoro di preparazione potrebbe consistere, in modo speciale, l'impegno specifico a cui dedicarci nelle nostre comunità dall'autunno di quest'anno fino all'estate del prossimo anno.

Come garantire questa seria preparazione? E come articolarla?

1. IN COMPAGNIA DI AGOSTINO

La meditazione sul cammino di Agostino ci potrebbe accompagnare con facilità e frutto. Invito a una meditazione personale e ritengo sicuramente feconda anche una meditazione comunitaria. Si potrebbero valorizzare, in modo speciale, i *tempi forti* dell'anno liturgico (Avvento e Quaresima). La traccia agostiniana potrebbe anche diventare guida per gli *Esercizi Spirituali* nelle parrocchie.

Aggiungo qualche ulteriore precisazione.

a) Adulti

Tutto il racconto de *Le Confessioni* mette in evidenza l'importanza molto grande delle persone adulte che Agostino ha avuto l'occasione di incontrare. Sarebbe bene che, durante questo anno, gli adulti, in riferimento alla loro specifica responsabilità familiare, professionale e sociale, si domandassero come dare luminosità e forza, freschezza e continuità alla loro testimonianza.

b) Adolescenti, giovani e « giovani-adulti »

Quanto Agostino ha ricevuto da ragazzo è sempre stato da lui considerato qualcosa di importante e delicato, profondo e bello, al punto di avere poi potuto scrivere che il nome di Gesù è rimasto un riferimento importante e amato, pur negli anni della lontananza da lui.

La sua vita giovanile è stata caratterizza dalla ricerca: ricerca della sapienza, ricerca della verità, ascolto di persone stimate. Queste ultime potevano dirgli parole di saggezza, favorevoli per giungere a valide conclusioni circa il senso della vita; utili anche per maturare decisioni che toccavano la sua vita morale (soprattutto sul fronte degli affetti) e per intraprendere coraggiosamente, anche a questo riguardo, la sequela di Gesù.

La sua adesione piena a Cristo, con la fede e il battesimo, è avvenuta quando ormai era un « giovane-adulto ». Anche per questo la conversione di Agostino ci appare un avvenimento di grande significato: ricco della consapevolezza che egli ne aveva e del coraggio che lo conduceva a prendere posizione, da cristiano, nei confronti del mondo e a proposito delle più rilevanti scelte di vita.

Lo stesso momento di grazia è diventato anche quello nel quale ha cominciato a emergere il tema della vocazione. Essa indicava per lui il sentiero concreto capace di esprimere la sua modalità personale di vivere l'esperienza di fede.

Per adolescenti, giovani e « giovani-adulti », il racconto di Agostino risulta dunque illuminante da vari punti di vista. E poiché esso è ricchissimo di riferimenti biblici, potrebbe essere utilmente ripreso anche in alcuni incontri di *lectio divina*.

c) Sacerdoti

Essi possono, in particolare, riflettere sul compito dell'« accompagnamento spirituale ». Potrà essere ripensato sia a proposito di colloqui personali con giovani (o anche con adulti), sia nell'esercizio molteplice della responsabilità pastorale.

Sarà inoltre importante che riflettano sul fatto che Agostino, nella sua vita, ha fatto esperienza reale di conversione. Quello che egli vivrà dopo la conversione, risentirà moltissimo di questo avvenimento. Senza di esso forse non avremmo avuto per nulla, nella storia della Chiesa, il grande Agostino. Il suo diventare anzitutto monaco e poi, su richiesta della Chiesa stessa, presbitero e vescovo, si colloca dentro un quadro che tocca le profondità della sua persona, le scelte più difficili e, alla fine, più qualificanti della sua esistenza. Il ministero ecclesiale e la vita personale hanno costituito un binomio dinamico sempre operante nel senso dell'autenticità, della serietà, della semplicità, dell'unità interiore. Anche Agostino ha dovuto affrontare problemi e incombenze di vario genere, ma per lui erano vere le parole di Ambrogio: « Tutto è Cristo per noi ». Ancor prima era stimolante l'esempio dell'apostolo Paolo. Per lui l'incontro con Cristo era il centro della vita e la missione ricevuta era l'unica sua contabilità.

d) Vita Consacrata

Di fronte al racconto di Ponticiano, Agostino ha dovuto ammettere che, di tutto quello che gli veniva detto, non sapeva nulla. Il racconto è diventato una scoperta. Non è da escludere che anche oggi la vita consacrata e il suo significato forte per la vita della Chiesa sia sostanzialmente ignorato. Perciò sarebbe bene che si trovassero occasioni o si valorizzassero quelle già esistenti. Penso alle iniziative del Centro Diocesano Vocazioni (per esempio, a quella del « Sicomoro »), a quelle promosse da Congregazioni e Istituti religiosi, alle proposte emergenti dalle singole parrocchie per illuminare i giovani sul dono della dedicazione totale della vita al Regno di Dio e al suo annuncio.

Suggerirei inoltre di ricordare che la tradizione cristiana riconosce nella *Regola*[119] di sant'Agostino un riferimento utile per tutte le forme di vita consacrata. Come altri testi fondamentali della storia della spiritualità (penso, ad esempio, alla *Regola* di san Benedetto), mette in evidenza alcune scelte qualificanti che Agostino ha cercato di vivere per primo con la piccola comunità da lui stesso costituita. Sarebbe bello che, avendo nella nostra diocesi il dono di alcune comunità religiose di ispirazione agostiniana (mi riferisco, in particolare, alle monache di Miasino e ai padri Premonstratensi), lungo l'anno si potesse, insieme con loro, vivere qualche incontro per lasciarsi guidare dalla grande ricchezza di Agostino.

2. Il secondo anno del biennio dedicato agli adolescenti e ai giovani

a) Che ne pensa il Signore di quanto stiamo facendo?

Con l'aiuto di Agostino andrà tenuta molto viva soprattutto una domanda che ho già posto alle nostre parrocchie lo scorso anno e che, forse, fin qui non è stata tenuta in primo piano: che ne pen-

[119] «Con questo termine si deve oggi intendere il compendio di principi e norme redatti da Agostino – verosimilmente verso il 397 – per la comunità di fratelli laici del monastero da lui istituito a Ippona nel 391» (G. Vigini, *Introduzione*, in *La Regola*, Rimini 1997, pp. 9-14).

sa il Signore di quanto stiamo portando avanti, in termini di pastorale giovanile, nelle nostre parrocchie? Va tutto bene? C'è qualcosa da cambiare? Vi è qualche nuovo sentiero sul quale inoltrarci?

E ancor prima: come intendiamo la pastorale giovanile? La intendiamo come l'esprimersi concreto della responsabilità della Chiesa di comunicare la fede in Gesù Cristo a tutti i giovani, anche a quelli che hanno perso i contatti con la Chiesa, o sono caduti nell'indifferenza religiosa, o hanno dimenticato il loro battesimo? Abbiamo il coraggio di andare, come Paolo, all'areopago di Atene? Non siamo vittime di qualche paura nei confronti dei giovani, mettendoci in atteggiamento di autodifesa, invece che di reale attesa di un incontro e di un cammino con loro? È una pastorale che possa dirsi missionaria?

Ritengo fondamentale che ci mettiamo in discussione. Naturalmente lo si deve fare senza pessimismi o inutili autoflagellazioni, ma anche con umiltà e verità. E lo dobbiamo fare tutti: genitori e figli, adulti e giovani, sacerdoti, religiosi/e e laici impegnati nel lavoro educativo.

b) Rileggere il « vissuto » giovanile

Nei prossimi mesi dovrebbe giungere a conclusione la ricerca compiuta da alcuni *gruppi di lavoro*. Essi hanno a lungo ascoltato i giovani nei mesi scorsi e hanno poi riletto quel « vissuto » giovanile ponendosi di fronte al Signore Gesù. In questo modo hanno compiuto un discernimento e compreso quale giudizio e proposta ci giunge da Lui. Sarebbe molto ragionevole dedicare il secondo anno di questo biennio a consegnare a tutte le nostre comunità il frutto di tale lavoro, che ha visto l'encomiabile impegno di molte persone.

Sarebbe bello che i singoli Vicariati offrissero qualche opportunità per prendere in considerazione tale ricerca. Rimane naturalmente possibile e lodevole che un approfondimento di questo genere avvenga anche nelle singole parrocchie, specialmente in quelle più popolose.

Sarà sicuramente stimolante per tutti mettere in agenda, lungo il prossimo anno, anche qualche momento vicariale di confronto con la *società civile*. Noi potremo portare la nostra esperienza e le nostre proposte. Saremo disponibili, nel medesimo tempo, a prendere in considerazione riflessioni ed esperienze che ci verranno offerte da persone seriamente impegnate in questo o quell'ambito della vita giovanile e sono desiderose di coltivare un serio dialogo con la Chiesa.

c) Aspetti istituzionali della pastorale giovanile

Il biennio dedicato ai giovani è un momento favorevole anche a un ripensamento istituzionale. Intendo dire che può essere una circostanza particolarmente idonea per «fare il quadro», anche diocesano, della pastorale giovanile. Si tratterà di chiarire come le varie mansioni diocesane che, in un modo o in un altro si occupano dei giovani, possano essere vissute in vera sinergia, evitando sovrapposizioni indebite e, ancor prima, un vuoto nella comunicazione vicendevole.

Occorrerà pure chiarire come i responsabili diocesani, e anche quelli vicariali, possano attuare il loro compito intendendolo non come sostitutivo di ciò che viene fatto (e spesso molto bene) nelle parrocchie, quanto come ispirazione, incoraggiamento, luogo fraterno di confronto, valido aiuto per elaborare i necessari sussidi.

Al cuore di questa revisione istituzionale dovrà stare un forte desiderio di comunione e la consapevolezza che nessuno porta avanti la pastorale giovanile come iniziativa privata, essendo noi tutti coinvolti in una responsabilità che riguarda l'intera Chiesa particolare. Lo stile della comunione è estremamente prezioso, assolutamente indispensabile, e ho fiducia che tutti, a cominciare dai sacerdoti, lo vorremo premurosamente coltivare. Sarà perciò da temere la frammentazione del lavoro, perché sarebbe prevedibilmente un impoverimento per tutti. Analogamente andrà vinta ogni tentazione di protagonismo. Essa è fonte di illusioni e poi di delusioni.

d) Giovani evangelizzatori sul territorio

La visita pastorale mi richiama con insistenza e urgenza a compiere una scelta che dovrà emergere da questo biennio dedicato agli adolescenti e ai giovani. La questione da prendere in considerazione, e da trattare anche con il massimo di ragionevolezza, è quella di garantire una presenza attiva della pastorale giovanile su tutto il territorio diocesano. Oggi, in diversi casi, ciò non avviene per svariati motivi, anzitutto oggettivi, che investono soprattutto le parrocchie piccole.

Mi piange il cuore quando ho la percezione che, forse, stiamo perdendo ragazzi, adolescenti e giovani non perché essi siano più difficili o meno buoni di altri, quanto semplicemente perché vengono a trovarsi in una condizione concreta che non permette loro di entrare facilmente in un'esperienza viva di oratorio o di gruppo giovanile.

Giunge a me anche una supplica: perché le parrocchie più grandi non danno una mano alle più piccole? Non si potrebbe affidare a qualche giovane sacerdote la cura dei ragazzi e dei giovani in più parrocchie?

Credo che una via d'uscita sia questa: chiedere ai giovani sacerdoti che godono della presenza di ricchi gruppi di adolescenti e giovani di domandarsi se qualcuno di questi ragazzi e ragazze, dai diciotto anni in su, non sia disponibile a maturare la capacità di rendere un servizio apostolico e di evangelizzazione in qualche parrocchia particolarmente bisognosa di sostegno.

Durante i prossimi mesi vorrò approfondire il senso preciso e i pilastri essenziali di un'iniziativa di questo genere. Vorrei farlo insieme con i sacerdoti giovani e con i giovani più sensibili delle loro comunità che hanno attorno a sé. Fatto questo necessario chiarimento, potremo mettere in cantiere almeno un anno di vigorosa formazione spirituale, di vita comunitaria, di esperienza di gratuità, di apprendistato missionario. Dopo di che, si potrà partire. Sarà un modo importante di amare i giovani del nostro tempo. Potrebbe diventare anche la strada favorevole all'emergere di qualche vocazione di totale dedizione all'annuncio del Vangelo.

CONCLUSIONE

«Conosco i vostri problemi, cari giovani!»

Quanto ho scritto in questa Lettera pastorale costituisce solo uno «spaccato» della vita di Agostino. Si limita infatti agli anni giovanili. Nella sua vita vi è poi stata una seconda lunga tappa: quella che lo ha visto monaco, prete e, per moltissimi anni, vescovo.

Un'indagine su questa seconda parte della sua vita, come ho già detto nell'introduzione, permetterebbe di comprendere come mai la sua straordinaria esperienza e la sua riflessione siano diventate così importanti nella storia della Chiesa in questi due millenni e abbiano avuto un peso e un influsso enorme.

Nel racconto che ho sviluppato mi sono riferito sostanzialmente a una sola delle opere agostiniane: *Le Confessioni*.

Si tratta di un'opera autobiografica, originalissima e sempre attuale anche dopo sedici secoli. Ma potremmo utilmente nutrirci con abbondanza anche di tutto quello che, come vescovo, Agostino ha detto al popolo cristiano di Ippona e anche quanto egli, fine e profondo filosofo e teologo, ha scritto in molte opere affrontando questioni difficili per la difesa della genuina fede cristiana e per approfondire una visione cristiana della vita personale e della convivenza umana nella società. Anche noi potremo alimentarci ai commenti che, nella scia di Ambrogio, egli sviluppava sulle pagine della Sacra Scrittura. La *Liturgia delle Ore*, con l'Ufficio delle Letture, non manca di accompagnarci lungo l'anno con alcune illuminanti pagine.

L'aver lasciato, in quanto fin qui ho scritto, la parola ad Agostino, mi ha permesso di ricavare dalla sua esperienza diverse applicazioni concrete. Avendo cercato di mettermi semplicemente in ascolto di lui, senza avere predeterminato quale sarebbe stato il mio commento, sono stato condotto a rilevare aspetti significativi della nostra conversione personale e pastorale che, forse, non avrei prima immaginato di sviluppare.

Lascio la parola finale ad Agostino stesso facendo riecheggiare, con qualche libero adattamento, quanto egli disse negli anni della sua maturità (aveva circa sessant'anni) rivolgendosi, un giorno, ai giovani:

Conosco i vostri problemi, cari giovani!
Sono invecchiato in queste battaglie,
ho gli stessi avversari che avete voi.
Più deboli, ora che son vecchio,
e tuttavia non cessano di turbare
la quiete della mia vecchiezza.
Lo so! Più violenta è la vostra battaglia.
Ma che volete, o buoni e santi combattenti?
O forti soldati di Cristo, che volete?

Che non esistano cattive concupiscenze?
Impossibile.
Continuate a combattere e sperate il trionfo![120]

+ Renato Corti

Novara, 28 agosto 2003
Memoria liturgica di sant'Agostino

[120] Sant'Agostino, *Discorso* 128, 9.11; cfr. Id., *Discorsi*, III/1, a cura di M. Recchia, Roma 1969 (Nuova Biblioteca Agostiniana. Opere di sant'Agostino, 31/1), pp. 162-165.

INDICE

COLLANA «LA VOCE DELLE CHIESE LOCALI»

Note pastorali di Conferenze episcopali, vescovi e organismi, che operano a servizio delle Chiese particolari.

1. Spirito creatore
2. Pur sempre nostri figli
3. Prospettive di sviluppo e rischi della società dei media
4. Nuove vocazioni per una nuova Europa
5. Gesù Cristo vivente nella sua Chiesa sorgente di speranza per l'Europa
6. Progressi della genetica e dignità umana
7. Le comunità cristiane educano al sociale e al politico
8. Educare alla pace
9. «Venite, saliamo sul monte del Signore». Il pellegrinaggio alle soglie del terzo millennio
10. Verifica degli orientamenti Pastorali per gli anni '90. Evangelizzazione e testimonianza della carità
11. La Giornata Mondiale della Gioventù un evento nel Grande Giubileo
12. Tre proposte per la ricerca
13. Come flusso di vita nuova
14. «Educare i giovani alla fede»
15. «Quale società civile per l'Italia di domani?»
16. Il dono dell'indulgenza
17. Progetto culturale e pastorale del tempo libero, turismo e sport
18. Per un progetto di scuola alle soglie del XXI secolo
19. La sala della comunità: un servizio pastorale e culturale
20. L'amore di Cristo ci sospinge
21. Linee comuni per la vita dei nostri seminari
22. L'iniziazione cristiana
23. Gesù Cristo vivente nella sua Chiesa sorgente di speranza per l'Europa
24. La catechesi e il catechismo dei giovani
25. Le vocazioni al ministero ordinato e alla vita consacrata nella comunità cristiana
26. Repertorio nazionale di canti per la liturgia
27. «Glorificate Dio nel vostro corpo»

28. La comunità cristiana e l'università, oggi, in Italia
29. Il popolo di Dio in cammino
30. La formazione permanente dei presbiteri nelle nostre Chiese particolari
31. Carta d'impegni programmatici della scuola cattolica
32. La missione incarnata nel contesto socio-culturale di Roma
33. Il papa agli sportivi
34. Comunicare il Vangelo in un mondo che cambia
35. Comunicare il Vangelo in un mondo che cambia, con Guida alla lettura di Mons. Renato Corti
36. Per amore del mio popolo non tacerò
37. L'iniziazione cristiana 3

Nella stessa collana:

COMUNICARE IL VANGELO IN UN MONDO CHE CAMBIA

Orientamenti pastorali dell'Episcopato italiano per il primo decennio del Duemila

Guida alla lettura di Mons. Renato Corti

Il documento della CEI in cui vengono tracciati gli orientamenti pastorali della Chiesa italiana per il primo decennio del 2000. I vescovi italiani suggeriscono alcune linee di fondo della missione della Chiesa, intesa in senso ampio come comunicazione della fede nel mondo odierno.

La *Guida alla lettura* di Mons. Renato Corti mette in evidenza i punti nodali del documento e le tappe che hanno portato la CEI alla stesura di questo documento.

Paoline
EDITORIALE LIBRI

Nella stessa collana:

L'INIZIAZIONE CRISTIANA

3. Orientamenti per il risveglio della fede e il completamento dell'iniziazione cristiana in età adulta

Questa Nota pastorale della CEI porta a compimento un progetto avviato nel 1997 con un primo documento, dedicato al catecumenato degli adulti, e proseguito con una seconda Nota riguardante l'iniziazione dei fanciulli e dei ragazzi dai sette ai quattordici anni.

Il presente documento, diviso in quattro capitoli, dà indicazioni concrete sul modo di rapportarsi a quanti ritornano alla fede o chiedono il completamento della loro iniziazione cristiana.

Stampa: Àncora Arti Grafiche - Milano - 2003